Das große Tierlexikon für Kinder

Alessandro Minelli

Das große Tierlexikon für Kinder

NATURBUCH VERLAG

Inhalt

Der Autor: Alessandro Minelli, Jahrgang 1948, lebt in Padua; Dozent an der Universität Padua (Fachbereich Zoologie); Alessandro Minelli ist Autor zahlreicher naturwissenschaftlicher Publikationen; seine herausragende Fähigkeit, Naturthemen kindgerecht darzustellen, zeigen u.a. die bei Mondadori erschienenen Bände **Animali del Mondo** und **Storia della Storia Naturali: Viaggi e Scoperte.**

Titel der italienischen Originalausgabe: **Atlante degli Animali**
© 1992 Arnoldo Mondadori Editore S. p. A., Milano

Ins Deutsche übertragen von Gina Beitscher
Fachliche Überarbeitung der deutschen Übersetzung und Beratung:
Manfred Kraemer
Redaktion: Gabriele Murrer

Die Deutsche Bibliothek – CIP-Einheitsaufnahme
Das große Tierlexikon für Kinder / Alessandro Minelli.
[Ins Dt. übertr. von Gina Beitscher. III. von: Walter Aquenza...]. –
Augsburg: Naturbuch Verl., 1992
    Einheitssacht.: Atlante degli animali <dt.>
ISBN 3-89440-114-1
NE: Minelli, Alessandro; Aquenza, Walter; Beitscher, Gina [Übers.];
EST

Naturbuch Verlag
© Deutsche Ausgabe 1992 Weltbild Verlag GmbH, Augsburg
Alle Rechte vorbehalten
Umschlaggestaltung: Peter Engel, Grünwald
Lektorat und Produktion: topic Verlag GmbH, Karlsfeld bei München
Druck und Bindung: Artis Graficas, Toledo (Spanien)

Printed in Spain
D.L. TO: 1914–1992
ISBN 3-89440-114-1

Vorwort

Das Leben auf unserer Erde zeigt sich in mannigfaltiger Weise. Wir kennen heute ungefähr 1,3 Millionen Tierarten, die einen Lebensraum bevölkern, der von den größten Meerestiefen bis in etwa 7000 Meter Höhe reicht. Jenseits dieser Grenzen ist Leben praktisch unmöglich, da es an Sauerstoff mangelt und die Temperaturen sehr niedrig sind. Um das Überleben der Art zu sichern, mußten sich die Lebewesen in den einzelnen Zonen der Erde an die nicht immer einfachen Lebens- und Umweltbedingungen anpassen. Der natürliche Lebensraum, in dem die Lebewesen beheimatet sind, heißt Biotop. Welche Bedeutung der Schutz dieser Biotope hat, wird klar, wenn man weiß, daß es Schätzungen zufolge etwa 30–50 Millionen noch unentdeckte Tierarten gibt. Die Mehrzahl dieser unbekannten Lebewesen wird in den tropischen Regenwäldern vermutet.

Im folgenden wollen wir eine Reise durch die wichtigsten Lebensräume der Erde unternehmen. Sie führt uns vom Packeis der Arktis bis zu den großen Heißwüsten und von den Nadelwäldern des Nordens in die tropischen Regenwälder Afrikas, Asiens und Südamerikas. Und schließlich werden wir noch etwas über das Leben in den Binnengewässern und Weltmeeren erfahren.

Im Anschluß an die Einführung in die verschiedenen Lebensräume der Erde werden die wichtigsten Tierarten des jeweiligen Gebietes vorgestellt. Dabei liegt das Augenmerk auf charakteristischen Besonderheiten der einzelnen Tiere. Neben dem wissenschaftlichen Namen eines Tieres findest du auch Angaben zu seiner Größe und die zoologische Zuordnung.

Viele Tierarten sind heute vom Aussterben bedroht, Nashörner, Elefanten und Blauwale ebenso wie der Pandabär, der zum Symbol der bedrohten Tierwelt wurde. Die skrupellose Jagd auf bedrohte Tiere und die vom Menschen verursachten furchtbaren Umweltzerstörungen, beispielsweise in den tropischen Regenwäldern, haben bereits zur Ausrottung zahlloser Tierarten geführt. Man kann nur hoffen, daß eine bessere Kenntnis der Natur und das Bewußtsein, welch unschätzbaren Wert sie für uns hat, zu einer Besinnung des Menschen führen, damit dieser zu einem vernünftigen Leben im Einklang mit der Natur zurückfindet.

Die Arktis

Die beiden Polarregionen unserer Erde unterscheiden sich grundlegend. Das Nordpolargebiet (Arktis) wird zum größten Teil vom Nordpolarmeer oder Nördlichen Eismeer bedeckt, während sich am Südpol eine riesige Festlandfläche erstreckt, die vom Südpolarmeer umgeben wird: die Antarktis. Das Überleben der Tierwelt hängt jedoch in beiden Gebieten zu einem großen Teil vom Meer ab.

Trotz Temperaturen von wenig mehr als 0° C herrscht in den kalten Polargewässern reges Leben, angefangen bei mikroskopisch kleinen Planktonkrebsen über die großen Herings- und Kabeljaubänke bis hin zu den zahllosen Tintenfischen. Fische und Tintenfische sind auch die

Schmarotzerraubmöwe

Falkenraubmöwe

Die kalten und fischreichen Gewässer liefern alles, was zum Überleben vieler Tiere der arktischen Gebiete notwendig ist, etwa der Seevögel wie Alken, Tölpel, Möwen und Seeschwalben. Auf eine ganz besondere Weise verschafft sich die Raubmöwe ihre Nahrung. Sie taucht nicht selbst ins Wasser ein, sondern raubt die Beute anderen Vögeln aus dem Schnabel. Zwergsträucher, Kräuter, Moose und Flechten sind dagegen die Nahrungsquelle fast aller Landtiere, die in der Tundra beheimatet sind.

Lemming

Polarhase

Schnee-Eule

Eine Spalte zwischen den Eisschollen stellt für die Sattelrobbe ein wertvolles Atemloch dar. Das Auftauchen ist jedoch gefährlich, wenn bereits ein hungriger Eisbär am Atemloch wartet.

Sattelrobbe

Eisbär

Klappmütze

Hauptnahrungsquelle der wichtigsten Bewohner des arktischen Eises: Robben und Seevögel.

Nur wenige Tierarten bevölkern die Packeiszone, von der sich ständig Eisblöcke ablösen, die dann langsam auf das Meer hinausgleiten und die Bewohner der Arktis bisweilen in etwas wärmere Gegenden bringen.

Diese Arten besitzen ein sehr charakteristisches Aussehen. Die weiße Farbe herrscht vor. So können die Tiere nicht so leicht von ihren Feinden ausgemacht werden, und gleichzeitig können sie selbst unbemerkt auf Jagd gehen. Dichtes Fell oder Gefieder sind zudem ein hervorragender Kälteschutz.

Für Tiere, die nicht wie Möwe, Tölpel oder Papageitaucher ins fischreiche Wasser eintauchen oder wie das Walroß mit seinen langen Stoßzähnen den Meeresgrund nach Nahrung durchwühlen können, gestaltet sich die Nahrungssuche bisweilen schwierig. Der Eisbär beispielsweise ist ein vorzüglicher Schwimmer und Taucher, aber er ist zu groß, um nur vom Fischfang leben zu können. Um seinen Hunger stillen zu können, lauert er daher auch an den Atemlöchern der Seehunde auf seine Beute.

Etwas weiter im Süden, in den nördlichsten Gegenden Europas, Asiens und Nordamerikas, schmilzt die Eisdecke alljährlich für einige Zeit. Einen kurzen Sommer lang kommt es dann zu einer spärlichen Tundravegetation. Niedrige Kräuter und kleine Sträucher bilden zusammen mit Moosen und Flechten die Hauptnahrungsquelle für die Tierwelt in diesen kalten und kargen Gegenden. Und doch ist dies ausreichend, um eine vollständige Nahrungskette zu bilden: Kräuter und Flechten sind die Nahrung von Lemmingen, Polarhasen und Rentieren. Und von diesen Pflanzenfressern ernähren sich wiederum Raubtiere wie der Wolf, der Eisfuchs oder die Schnee-Eule.

Eisbär
Thalarctos maritimus

Der Eisbär ist auf den weiten Eisfeldern der Arktis ständig unterwegs, und dies die meiste Zeit allein. Er ist ein reiner Fleischfresser und ernährt sich vor allem von Robben und Fischen. Im Winter bringt das Weibchen in einer Höhle im Eis meist 2 Junge zur Welt.

Körperlänge: 150–270 cm
Schwanz: 8–13 cm
Gewicht: 420–500 kg
Raubtiere

Große Raubmöwe
Stercorarius skua

Der Lebensraum dieser ausgezeichneten Fliegerin umfaßt die Küsten und das offene Meer des Nordatlantiks und des Südpolbereichs. Sie lebt auf Kosten anderer Seevögel, denen sie die Beute abjagt.

Körperlänge: 53–61 cm
Wat- und Möwenvögel

Alpenschneehuhn
Lagopus mutus

Das Alpenschneehuhn lebt in den felsigen Gegenden im äußersten Norden Eurasiens und Nordamerikas, aber auch in den Alpen und anderen Gebirgen. Es gräbt im Winter lange Gänge in den Schnee und ernährt sich dort unter anderem von Knospen. Im Winter ist sein Gefieder weiß, im Sommer nimmt es eine graubraune Färbung an.

Körperlänge: 36 cm
Rauhfußhühner

Dreizehenmöwe
Larus tridactylus

Die Dreizehenmöwe ist in den arktischen Gebieten verbreitet. Normalerweise ist sie ein Vogel der Hochsee, nur die Brut erfolgt auf steilen Felsen über dem Meer in großen Kolonien (bis 300 000 Paare). Die Eier werden von beiden Eltern ausgebrütet.

Körperlänge: 40 cm
Wat- und Möwenvögel

Elfenbeinmöwe
Pagophila eburnea

Die seltene Elfenbeinmöwe nistet auf den kalten und kahlen Inseln im Nördlichen Eismeer. In der kältesten Jahreszeit zieht sie südwärts bis nach Island, Alaska und Labrador.

Körperlänge: 45 cm
Wat- und Möwenvögel

Karibu
Rangifer tarandus

Die Rentiere Nordamerikas sind Herdentiere und führen sehr lange Wanderungen durch. Der Karibu ist der einzige Hirsch, der in beiden Geschlechtern ein Geweih trägt.

Körperlänge: 120–210 cm
Schwanz: 9–11 cm
Gewicht: bis zu 270 kg
Paarhufer

Wolf
Canis lupus

Der Wolf, Stammvater des Haushundes, hat ein weites Verbreitungsgebiet (Europa, Asien, Nordamerika), ist aber vielerorts ausgerottet. Wölfe leben in Rudeln, in denen eine strenge Rangordnung herrscht. Sie erbeuten auch so große Tiere wie den Elch.

Körperlänge: bis zu 140 cm
Schwanz: bis zu 50 cm
Gewicht: bis zu 60 kg
Raubtiere

Seehund
Phoca vitulina

Weitverbreitet an den Küsten des nördlichen Atlantiks und Pazifiks, jagt der Seehund bei Tag und Nacht. Seine Vordergliedmaßen haben scharfe Krallen. Die Jungen werden ihrer klagenden Rufe wegen „Heuler" genannt.

Körperlänge: 120–190 cm
Schwanz: 9–11 cm
Gewicht: bis zu 135 kg
Raubtiere

Moschusochse
Ovibos moschatus

Der Moschusochse lebt im Norden von Kanada, Alaska und Grönland in Rudeln oder Herden von 6–60 Tieren. Zur Abwehr und als Schutz vor Kälte nimmt die Herde eine Igelstellung ein.

Körperlänge: 160–250 cm
Schwanz: 6–17 cm
Gewicht: bis zu 300 kg
Paarhufer

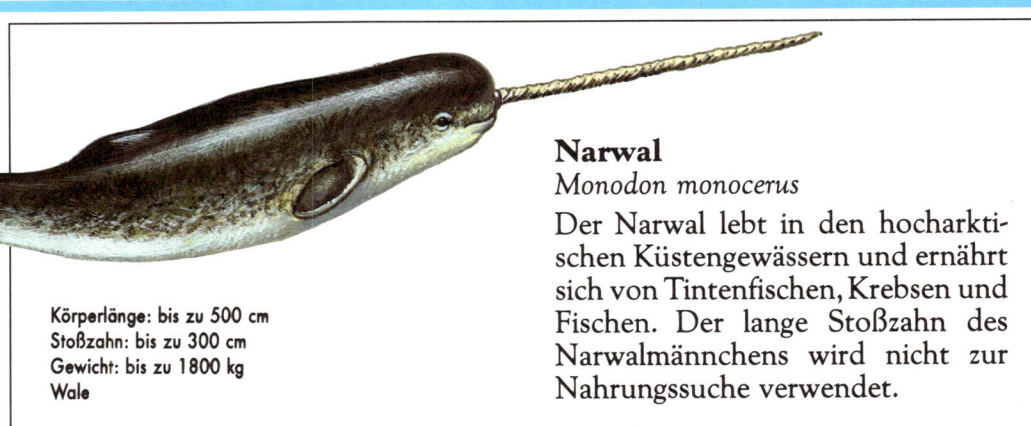

Narwal
Monodon monocerus

Der Narwal lebt in den hocharktischen Küstengewässern und ernährt sich von Tintenfischen, Krebsen und Fischen. Der lange Stoßzahn des Narwalmännchens wird nicht zur Nahrungssuche verwendet.

Körperlänge: bis zu 500 cm
Stoßzahn: bis zu 300 cm
Gewicht: bis zu 1800 kg
Wale

Papageitaucher
Fratercula arctica

Dieser Seevogel, eine Art der Alken, nistet an den Küsten des Nordatlantiks. Zur Eiablage gräbt er mit Schnabel und Krallen einen bis zu 5 m langen Gang in den lockeren Boden, der die Felsen bedeckt. Manchmal findet man sein Gelege auch in Felsspalten oder unter Steinen. Der Papageitaucher fängt vor allem Fische, von denen er mehrere seitlich im Schnabel tragen kann.

Körperlänge: 29–36 cm
Wat- und Möwenvögel

Trottellumme
Uria alge

Die pinguinähnliche Trottellumme nistet an den Nordküsten der Alten und der Neuen Welt. Sie legt 1 Ei auf die steilen Felsen, das birnenförmig ist, damit es nicht ins Meer rollt.

Körperlänge: 43 cm
Wat- und Möwenvögel

Parry-Ziesel
Citellus undulatus

Dieses Erdhörnchen lebt vor allem an Fluß- und Seeufern in Alaska und im Norden von Kanada. Es ist 4–5 Monate im Jahr aktiv und ernährt sich von Pflanzen und Pilzen.

Körperlänge: 30–40 cm
Schwanz: 8–13 cm
Gewicht: bis zu 850 g
Nagetiere

Walroß
Odobaenus rosmarus

Das Walroß ist eine riesige Robbe, die in den Gewässern der Arktis lebt. Die langen Stoßzähne aus Elfenbein (bis zu 75 cm) dienen ihm zur Verteidigung und helfen ihm dabei, seinen Körper auf das Eis zu ziehen und am Meeresboden nach Nahrung zu stochern.

Körperlänge: bis zu 450 cm
Gewicht: bis zu 1250 kg
Raubtiere

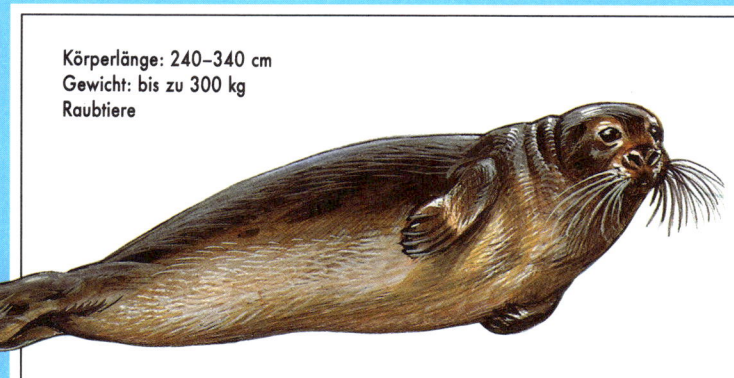

Körperlänge: 240–340 cm
Gewicht: bis zu 300 kg
Raubtiere

Bartrobbe
Erignathus barbatus

Ein Einzelgänger, der an den Küsten mit Treibeis lebt. Die Bartrobbe ernährt sich vor allem von Krebsen, Muscheln und Tintenfischen.

Küstenseeschwalbe
Sterna paradisea

Nistet vor allem in arktischen Gegenden, zieht aber im Winter am Ende der Brutzeit in die Antarktis. Auf ihrer Reise legt die Küstenschwalbe die beeindruckende Strecke von 18 000 km zurück.

Körperlänge: 33–38 cm
Spannweite: 79 cm
Wat- und Möwenvögel

Körperlänge: 48–68 cm
Schwanz: 13–17 cm
Gewicht: 2–6 kg
Hasenartige Tiere

Polarhase
Lepus timidus arcticus

Der Polarhase ist in den nördlichsten Gegenden Amerikas und Grönlands beheimatet. Im ewigen Eis des Nordens trägt er ganzjährig ein weißes Fell, im Südteil des Verbreitungsgebietes jedoch ist sein Fell im Sommer hellbraun.

Schnee-Eule
Nyctea scandiaca

Dieser große Raubvogel ist in den Tundren rund um die Arktis zu finden. Er jagt fast ausschließlich tagsüber. Zu seinen Beutetieren gehören vor allem Lemminge.

Körperlänge: 55–65 cm
Eulen

Baßtölpel
Sula bassana

Baßtölpel sind an Land eher plumpe Vögel, jedoch sehr gute Flieger. Sie suchen fliegend Fische, die sie dann stoßtauchend erbeuten. Baßtölpel kommen nur zur Brutzeit in die Nähe der nordeuropäischen Küsten, wo sie auf hohen Felseninseln in riesigen Kolonien nisten.

Körperlänge: 90 cm
Ruderfüßer

Eisfuchs (Polarfuchs)
Alopex lagopus

Dieser Fuchs lebt in den arktischen Gegenden Nordamerikas und Eurasiens und ernährt sich von Lemmingen und Vögeln.

Körperlänge: 50–65 cm
Schwanz: 28–35 cm
Gewicht: 2,5–8 kg
Raubtiere

Die Antarktis

Auf den weiten Eisfeldern des antarktischen Kontinents gibt es praktisch kein Leben. Keine Pflanze kann gedeihen und kein Tier Nahrung finden. Nur an den Rändern, vor allem an den Küsten der langen antarktischen Halbinsel, die sich bis in gemäßigtere Breiten erstreckt, finden wir eine zarte und bescheidene Pflanzendecke aus Gräsern und Moosen sowie einige Formen tierischen Lebens.

Man darf aber deshalb nicht glauben, daß sich die antarktischen Tiere wie in der kanadischen oder sibirischen Tundra hauptsächlich von Pflanzen ernähren. An den Küsten des südpolaren Kontinents herrschen wesentlich härtere Lebensbedingungen. Zum Ausgleich dazu ist aber das Meer in unmittelbarer Nähe. Ein azurblaues und fischreiches Meer, das Millionen von Seehunden und einer noch größeren Anzahl von Pinguinen und anderen Vögeln Nahrung spendet.

Diese Lebewesen verbringen einen großen Teil des Jahres im Wasser und kommen erst zur Paarungszeit an Land. Und auch dann, wenn es an

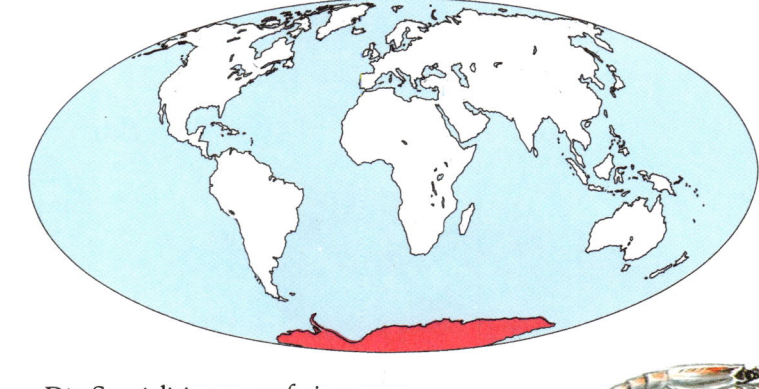

Die Spezialisierung auf eine ganz bestimmte Ernährung ermöglicht das Zusammenleben verschiedener Robbenarten in den antarktischen Gewässern. Während die Weddell-Robbe vor allem Fische und Tintenfische, also die herkömmliche Nahrung der Robben, bevorzugt, ist der große und wendige Seeleopard ein vorzüglicher Jäger, der von Pinguinen und den Jungen anderer Seehunde lebt. Noch spezieller ist jedoch der Speiseplan des Krabbenfressers: Er ernährt sich von winzigen Planktonkrebsen.

Leuchtkrebs

Krabbenfresser

Weddell-Robbe

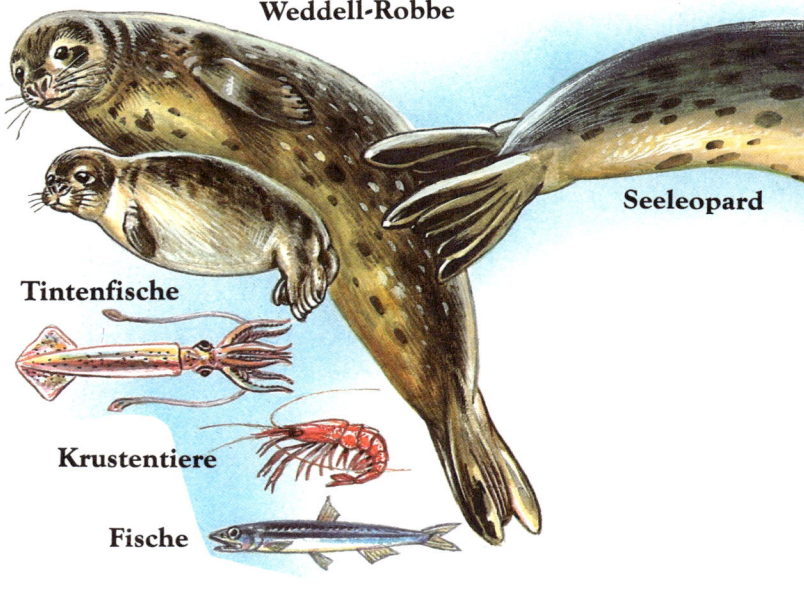

Tintenfische

Krustentiere

Fische

Seeleopard

Die Tiere jagen zwar in denselben Gewässern nach Beute, doch müssen sie deshalb nicht immer in Konkurrenz zueinander stehen. Ein anschauliches Beispiel dafür bieten zwei Robbenarten, die sich nicht wie die meisten ihrer Artgenossen von Fischen und Weichtieren ernähren und sich

den Rändern des eisigen Kontinents oder an den weniger unwirtlichen Küsten der subarktischen Inseln von Robben, See-Elefanten, Sturmvögeln und Pinguinen wimmelt, ist das Meer mit seinem unerschöpflichen Reichtum an Fischen und Weichtieren nach wie vor die für alle lebensnotwendige Nahrungsquelle.

Riesensturmvogel

Weißrückenkormoran

zudem ihre Beute auf recht ungewöhnliche Weise verschaffen. Da ist einmal der Seeleopard: Er gilt als der größte Jäger des Südpolarmeers. Mit Hilfe seiner kräftigen Zähne erbeutet er vor allem Pinguine und sogar die Jungen anderer Robben. Aber noch bemerkenswerter ist die Ernährungsweise des Krabbenfressers. Sein Gebiß ist unter allen Säugetieren wirklich einzigartig. Es ermöglicht ihm, das Wasser im Maul zu sieben, so daß darin die kleinen Krebse hängenbleiben, von denen er sich ernährt. Er lebt also wie die Bartenwale von Krill. Doch es gibt einen wesentlichen Unterschied zwischen diesen beiden Tieren. Der Krabbenfresser hat richtige Zähne, während die Barten-

Wenn die Brutzeit der Kormorane, der Sturmvögel und der Pinguine beginnt, sind die Küsten der subantarktischen Inseln von wimmelndem Leben erfüllt. Auch die Raubmöwen liegen schon auf der Lauer: So manches Ei und so mancher junge Vogel wird eine leichte Beute für sie.

Mähnenrobbe

Ungestört geht das Leben der Ohrenrobben weiter, die es wieder auf das Meer hinaus zieht, sobald die Jungen schwimmen können.

Scheuer Albatros

Adeliepinguin

Große Raubmöwe

wale sogenannte Barten, das sind im Kiefer angeordnete Hornplatten, besitzen.

Auf den subantarktischen Inseln, etwa den Falkland-Inseln den Kerguelen oder den Crozet-Inseln, herrschen nicht so extreme klimatische Bedingungen, so daß es dort zu einer dichten Grasvegetation kommen kann. Dennoch leben auf diesen Inseln mit Ausnahme einiger Insekten keine wirklichen Landtiere. Lediglich auf den Falkland-Inseln sind auch einige Vögel vom Festland heimisch geworden. Sogar eine Fuchsart war in früheren Zeiten auf die Inseln gelangt, doch wurde sie im 19. Jahrhundert ausgerottet.

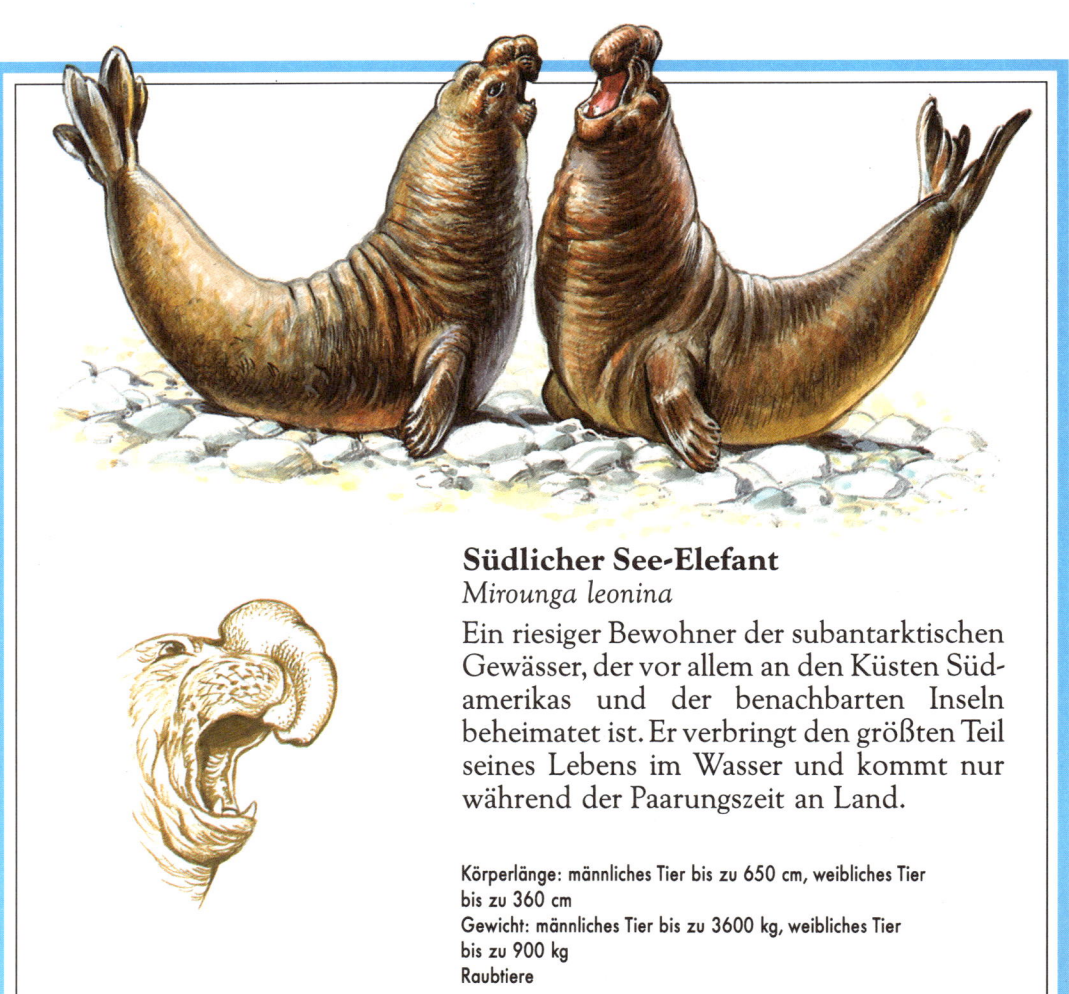

Auckland-Seelöwe
Phocarctos hookeri

Der Auckland-Seelöwe lebt südlich vor Neuseeland an den Küsten der gleichnamigen Inseln, der Campbell-Inseln und gelegentlich auch auf Macquaria. Er kommt nur für kurze Zeit im Jahr an den Strand, wo die Paarung stattfindet. Eine seltene Art, deren Bestand nur noch rund 4000 Tiere umfaßt.

Körperlänge: männliches Tier bis zu 240 cm, weibliches Tier bis zu 180 cm
Gewicht: männliches Tier bis zu 400 kg, weibliches Tier bis zu 230 kg
Raubtiere

Südlicher See-Elefant
Mirounga leonina

Ein riesiger Bewohner der subantarktischen Gewässer, der vor allem an den Küsten Südamerikas und der benachbarten Inseln beheimatet ist. Er verbringt den größten Teil seines Lebens im Wasser und kommt nur während der Paarungszeit an Land.

Körperlänge: männliches Tier bis zu 650 cm, weibliches Tier bis zu 360 cm
Gewicht: männliches Tier bis zu 3600 kg, weibliches Tier bis zu 900 kg
Raubtiere

Kapsturmvogel
Daption capensis

Ein Seevogel, der an den Rändern des antarktischen Kontinents und in den mäßig kalten Gebieten der Südhalbkugel beheimatet ist. Er ernährt sich von Plankton und Fischen.

Körperlänge: 36 cm
Spannweite: 89 cm
Röhrennasen

Königspinguin
Aptenodytes patagonica

Der Königspinguin ist in den antarktischen und subantarktischen Gebieten weit verbreitet. Beim Brüten des einzigen Eies lösen sich die beiden Partner ab.

Körperlänge: 91–96 cm
Pinguine

Adeliepinguin
Pygoscelis adeliae

Diese häufigste Pinguinart ist an den Küsten des antarktischen Kontinents und der anliegenden Inseln verbreitet. Während der Brutzeit müssen die Männchen 6 Wochen lang fasten, da nur sie die Eier bebrüten und in diesem Zeitraum nicht ins Wasser gehen.

Körperlänge: 70 cm
Pinguine

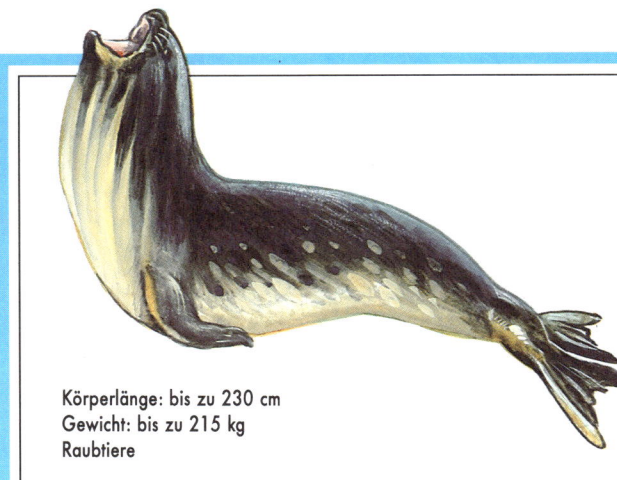

Roßrobbe
Ommatophoca rossi

Eine der seltensten rein antarktischen Robben, die bis zum Grund des Meeres hinabtaucht und sich dort von Seetang und weichschaligen Tieren ernährt. Sie kann sich unter Wasser mit Ultraschallpeilung orientieren.

Körperlänge: bis zu 230 cm
Gewicht: bis zu 215 kg
Raubtiere

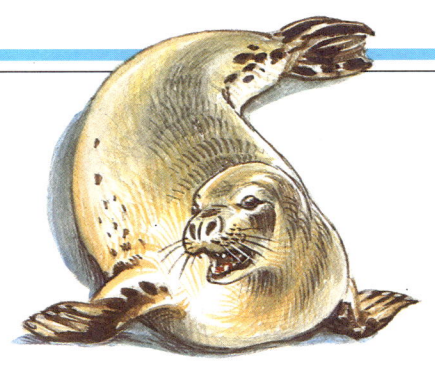

Krabbenfresser
Lobodon carcinophagus

Die häufigste unter den antarktischen Robben. Man findet sie am Rande des antarktischen Kontinents sowie an den Küsten Tasmaniens, Neuseelands und Südamerikas. Krabbenfresser ernähren sich vor allem von Krill. Das sind die kleinen Planktonkrebse, die auch die Hauptnahrung der Bartenwale darstellen.

Körperlänge: 200–260 cm
Gewicht: bis zu 225 kg
Raubtiere

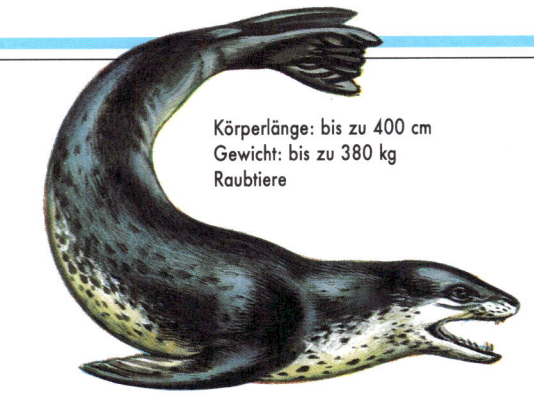

Körperlänge: bis zu 400 cm
Gewicht: bis zu 380 kg
Raubtiere

Seeleopard
Hydrurga leptonyx

Der Seeleopard gilt als der größte Jäger im Südpolarmeer. Durch das besonders robuste Gebiß ist diese Robbenart in der Lage, neben Fischen auch Pinguine und Junge anderer Robben zu erbeuten.

Kaiserpinguin
Aptenodytes forsteri

Der größte Pinguin lebt an den Küsten der Antarktis. Das Weibchen legt 1 Ei, das vom Männchen allein auf den Füßen ausgebrütet wird. Während der gesamten Brutzeit nimmt es keine Nahrung auf. Kaiserpinguine bilden riesige Kolonien von bis zu 300 000 Tieren. Sie können bis zu 60 m tief tauchen und bis zu 15 Minuten unter Wasser bleiben.

Körperlänge: 115 cm
Pinguine

Weddell-Robbe
Leptonychotes weddelli

Diese Robbe ist in den eiskalten antarktischen Gewässern zu Hause und dringt sehr weit nach Süden vor. Ihre Hauptnahrung sind Fische und Tintenfische.

Körperlänge: 250–300 cm
Gewicht: 340–450 kg
Raubtiere

Die Wälder Nordamerikas

Aufgrund der weniger rauhen klimatischen Bedingungen konnte südlich der Tundra ein breiter Waldgürtel entstehen. Dabei handelt es sich in erster Linie um Nadelwälder, die nach und nach in Mischwälder übergehen und schließlich in noch gemäßigteren Breiten zu reinen Laubwäldern werden.

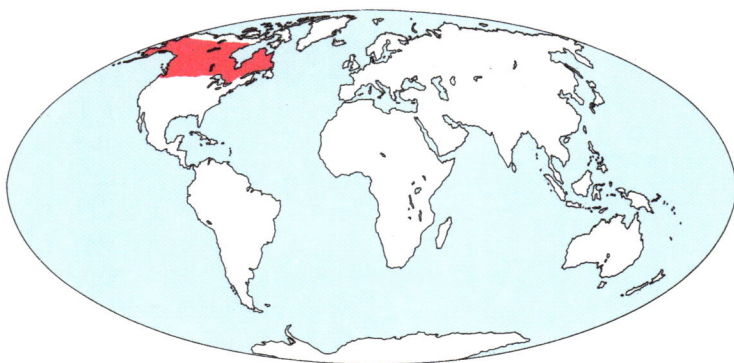

Zahlreiche Nachtraubtiere bevölkern die nordamerikanischen Wälder. Zu den verbreitetsten gehört der Amerikanische Uhu, der zwischen den Zweigen der Bäume nistet, aber am Boden jagt. Gewöhnlich sind Nagetiere, Schlangen und Vögel seine Beute.

Die Familie der Hirsche ist in Nordamerika sehr gut vertreten. Neben dem Elch und dem Karibu, die in den nördlichsten Gebieten beheimatet sind, finden wir hier Weißwedelhirsche und Maultierhirsche. Der Wapitihirsch ist der amerikanische Vetter des europäischen Edelhirsches. Und weiter südlich, in Mexiko, gibt es auch zwei Zwerghirscharten.

Maultierhirsch

Auch in den Nadelwäldern sind die Winter normalerweise lang und streng, und der Boden ist viele Monate lang von hohem Schnee bedeckt. Viele Tiere können deshalb nur in den wärmeren Jahreszeiten hier leben. Sie ziehen im Herbst weiter nach Süden, um in klimatisch gemäßigteren Zonen zu überwintern. Im Frühjahr kommen sie jedoch wieder zurück in die Wälder des Nordens. Denn dort gibt es ein reichliches Nahrungsangebot an Insekten und Früchten, mit denen sie nicht

Amerikanischer Uhu

Jungbock

Weißwedelhirsch

Waldmurmeltier mit Jungtieren

Gelbbäuchiges Murmeltier

Sechs Murmeltierarten leben in Nordamerika. Am verbreitetsten ist das Waldmurmeltier, das in einem großen Teil Kanadas und den nordöstlichen Staaten der USA beheimatet ist. Wie das Alpenmurmeltier legt es einen unterirdischen Bau an, kann aber auch vorzüglich klettern. Wenn es vor einem herannahenden Feind fliehen muß, so verschwindet es nicht in seinem Bau unter der Erde, sondern zieht es vor, zwischen den Ästen und Zweigen der Bäume zu entwischen.

Von den sechs hier lebenden Murmeltierarten ist das Gelbbauchmurmeltier am bekanntesten. Wie alle Murmeltiere hält es einen Winterschlaf, der oft schon im August beginnt.

Je weiter man jedoch nach Süden kommt, desto deutlicher werden die Unterschiede zwischen den Kontinenten. So leben in den amerikanischen Wäldern zahlreiche Wildarten, die sich von unserem Reh- und Damwild in vielen Punkten unterscheiden. Dort finden wir neben dem Puma und dem Schwarzbären sogar Tiere südamerikanischer Herkunft, etwa das Opossum. Ähnliches gilt auch für Vögel oder andere Tiergruppen, die die Wälder Nordamerikas bewohnen.

Zwischen Nordamerika und Eurasien besteht ein grundlegender geographischer Unterschied. In Amerika verlaufen die wichtigsten Gebirgszüge von Norden nach Süden und nicht von Westen nach Osten, wie dies in Eurasien der Fall ist. Deshalb vollzieht sich in Nordamerika der Übergang von den kalten Wäldern im höchsten Norden zu den gemäßigteren Zonen weiter im Süden stufenweise und kaum spürbar. In der Alten Welt dagegen trennen Gebirgsmassive wie die Pyrenäen, die Alpen oder der Himalaya die kalten nördlichen Regionen von den an ihren südlichen Ausläufern gelegenen wärmeren Gebieten auf radikale Weise ab.

Und deshalb hat man in den Wäldern Nordamerikas so manche unerwartete Begegnung. So trifft man hier etwa auf einen kleinen Kolibri, den es weit weg von seinen Artgenossen und seiner tropischen Heimat in den Süden Kanadas verschlagen hat.

nur sich selbst, sondern auch ihre Nachzucht versorgen können.

Einige Tierarten, vor allem Säugetiere und Reptilien, halten in der kalten Jahreszeit einen Winterschlaf. Sie leben während dieser Zeit von den Fettreserven, die ihr Körper in den wärmeren Monaten gespeichert hat.

Die amerikanische Fauna ähnelt hier im Norden oft der europäischen oder asiatischen in denselben nördlichen Breiten. In der Neuen Welt begegnen wir den amerikanischen Vettern des Wolfes, des Hirsches (Wapitihirsch) und des Braunbären (Grizzly- und Kodiakbär).

Wenn nach dem langen, kalten Winter der Frühling kommt, hat auch der Parry-Ziesel den Winterschlaf beendet und kommt aus seinem unterirdischen Bau. Vor dem Verlassen des Baus hält der Ziesel Ausschau, ob ihm auch keine Gefahr droht. Bei Gefahr und Angst stößt der Parry-Ziesel ein lautes Pfeifen aus.

Bartkauz
Strix nebulosa

Der graue Bartkauz ist der größte Nachtraubvogel Nordamerikas. Man findet ihn in Kanada und im Norden der Vereinigten Staaten von Amerika.

Körperlänge: etwa 65 cm
Spannweite: bis zu 150 cm
Eulen

Mink
Mustela vison

Der Mink kommt in weiten Teilen der Vereinigten Staaten und Kanadas vor. Sein bevorzugter Lebensraum sind die Uferzonen von Flüssen und Seen. Ein guter Schwimmer und Taucher, der sich vor allem von kleinen Wasserbewohnern ernährt.

Körperlänge: 30–45 cm
Schwanz: 12–25 cm
Gewicht: 500–1500 g
Raubtiere

Fischermarder
Martes pennanti

Der Fischermarder ist in den Wäldern Nordamerikas heimisch. Er lebt auf Bäumen, ist aber weniger klettergewandt als der europäische Marder.

Körperlänge: 70–90 cm
Schwanz: 30–50 cm
Gewicht: 4,6–6,8 kg
Raubtiere

Dickhornschaf
Ovis canadensis

Ein Wildschaf Nordamerikas mit massigen kreisförmigen Hörnern. Die Jungtiere beiderlei Geschlechts leben in Herden mit den weiblichen Tieren, die erwachsenen Männchen bilden eigene Herden. In der Paarungszeit kämpfen die Männchen mitunter stundenlang gegeneinander.

Körperlänge: männliches Tier 160–185 cm, weibliches Tier 130–160 cm
Schwanz: 9–13 cm
Paarhufer

Körperlänge: 65–86 cm
Schwanz: 15–30 cm
Gewicht: 4–7 kg
Nagetiere

Baumstachler
Erethizon dorsatum

Der Baumstachler, auch Urson genannt, ist in den Wäldern Nordamerikas beheimatet. Er ist ein guter Kletterer und ernährt sich von Rinden, Blättern und Knospen; im Winter frißt er bevorzugt die Nadeln der immergrünen Nadelhölzer. Einen Winterschlaf hält der Urson nicht, verweilt aber bei schlechtem Wetter in seiner Höhle. Das nachtaktive Tier verbringt den Tag in Felsspalten, hohlen Bäumen oder Erdlöchern. Der Urson ist in der Regel ein Einzelgänger, in besonders beliebten Verstecken halten sich dennoch manchmal mehrere Ursons zusammen auf. Feinde des Baumstachlers sind vor allem Luchs und Puma, gegen die er sich mit seinen Stacheln wehrt. Der Urson kehrt dem Feind das Hinterteil zu und schlägt mit seinem stachligen Schwanz nach ihm.

Elch
Alces alces

Der Elch ist der größte der heute lebenden Hirsche. Seine Heimat ist der Norden Europas, Amerikas und Asiens. Als Lebensraum bevorzugt er waldige Sumpfgebiete entlang von Flußläufen. Er ernährt sich von Blättern, Zweigen, Rinden und Flechten und lebt als Einzelgänger. Typisch ist sein riesiges Schaufelgeweih.

Körperlänge: 200–310 cm
Schwanz: etwa 5 cm
Gewicht: 270–800 kg
Paarhufer

Lemming
Lemmus sp.

Ein kleiner, in den arktischen Gegenden heimischer Nager, der sich von Kräutern, Moosen und Flechten ernährt. Alle 3–4 Jahre kommt es nach Massenvermehrungen infolge Nahrungsknappheit zu großen Wanderungen.

Körperlänge: 10–13 cm
Schwanz: 1,5–3 cm
Gewicht: 40–112 g
Nagetiere

Vielfraß (Järv)
Gulo gulo

Ein Räuber, der in den kalten nördlichen Gebieten von Europa, Asien und Amerika beheimatet ist. Der Einzelgänger lebt nur in der Paarungszeit kurze Zeit mit dem Partner zusammen. Er besitzt ein mächtiges Gebiß und ernährt sich vor allem von Kleinsäugern und Vögeln. Sein Name ist eine mißverständliche Übersetzung des altnordischen „Fjellfraß", was Felsenkatze bedeutet.

Körperlänge: 65–87 cm
Schwanz: 17–26 cm
Gewicht: 20–35 kg
Raubtiere

Schneeziege
Oreamnos americanus

Die Schneeziege lebt in den Bergen im Nordwesten von Nordamerika oberhalb der Baumgrenze.

Körperlänge: 150–175 cm
Schwanz: 12–17 cm
Gewicht: 80–135 kg
Paarhufer

Grizzlybär
Ursus arctos terribilis

Der Grizzlybär ist einer der größten Braunbären. Er lebt in den Wäldern Nordamerikas und ist wegen seiner Stärke gefürchtet.

Körperlänge: 180–250 cm
Schwanz: 7,5 cm
Gewicht: bis zu 325 kg
Raubtiere

Himalaya und Anden

Wenn wir die beiden großen Gebirgsmassive Anden und Himalaya in einem Atlas betrachten, können wir einen wesentlichen Unterschied feststellen. Die Andenkette verläuft von Norden nach Süden und fällt im Westen steil zum Pazifischen Ozean ab, während sie im Osten allmählich in Hochebenen und dann ins Flachland übergeht. Der Himalaya dagegen erstreckt sich ebenso wie das gewaltige euroasiatische Gebirgssystem, zu dem er gehört, von Westen nach Osten. Er fällt dabei im Süden relativ steil nach Indien ab, während er im Norden allmählich in die zentralasiatischen Hochebenen übergeht.

Das Guanako ist von den beiden wilden Schafkamelarten Südamerikas am verbreitetsten und das größte unter allen Säugetieren, die heute südlich der Straße von Panama leben. Guanakos sind gesellige Tiere. Ein oder mehrere Tiere einer Herde übernehmen abwechselnd die Wache, während die anderen weiden. In der Paarungszeit tragen die Männchen einen rituellen Kampf aus, in dem sie sich gegenseitig bespucken.

Guanakomännchen im Zweikampf

Guanako in Ruhestellung

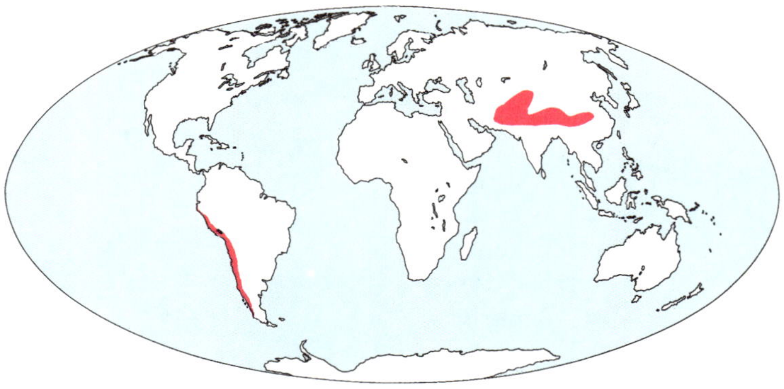

Diamantfasan

Serau

Im Hochgebirge Zentralasiens kann der Europäer vertraute Pflanzen und Tiere finden, etwa Enzian und Rhododendron oder Schmetterlinge mit weißen Flügeln und schwarzen oder roten Punkten, die an den Apollofalter der Alpen erinnern. Bei den Säugetieren hat man jedoch viele neue und unerwartete Begegnungen; so trifft man hier etwa auf Pandabären oder Fasane, von denen es in den asiatischen Gebirgen eine große Artenvielfalt gibt. Die männlichen Tiere einiger Fasanarten besitzen neben einem bunten Gefieder eine lange Schwanzfeder. Andere wiederum haben einen kurzen Schwanz, etwa der Blutfasan, bei dem die Verwandtschaft mit unseren Hühnern und Rebhühnern leicht feststellbar ist.

Blutfasan

Ohrfasan

Das Vicuña ist das kleinste unter den südamerikanischen Schafkamelen. Es lebt in Herden, die sich aus ganzen Familien oder auch nur aus männlichen Tieren zusammensetzen können.

Im Himalaya bietet der Bambuswald ein einzigartiges landschaftliches Bild: Wälder ohne Bäume, in denen sich inmitten des unendlich scheinenden Röhrichts auch die Spuren des Pandas leicht verlieren.

Die Tierwelt der tropischen Gebirge ist meist nicht so farbenfroh wie die Fauna in den tropischen Urwäldern. Eine Ausnahme bilden hier die Fasane, deren wirkliche Heimat das asiatische Hochgebirge ist.

Nur wenige Tierarten, darunter auch Säugetiere, haben sich an das Leben in extremen Höhen angepaßt. Beispielsweise ist der Kiang, der tibetanische Wildesel, auf 2700–5000 m Höhe zu Hause, und der Yak, das robuste Wildrind mit dem langen Fell, lebt in Höhen zwischen 4000 und 6000 m. Schließlich sei noch das Chiru erwähnt, eine Antilopenart, deren Lebensraum die Hochsteppen auf 5400–6000 m sind.

Ein großer Teil des Tierlebens in solchen Höhen ist normalerweise auf die Bereiche zwischen den Felsen begrenzt, deren Bewohner — die in der kalten Jahreszeit lange Monate Winterschlaf halten — sich nur zur Nahrungssuche kurze Zeit von dort entfernen.

Für Reptilien ist es in diesen Höhen in jedem Falle zu kalt. Neben einer Reihe von wirbellosen Tieren finden wir zwischen den Felsen aber auch einige Kleinsäuger, etwa Murmeltiere und Pfeifhasen in Asien oder Chinchillas in Südamerika.

Die geographische Lage der beiden großen Gebirgsketten ist also recht verschieden. Doch in beiden Fällen beherbergen sie vielfältige Lebensräume, so daß in nur relativ geringer Entfernung eine für heiße Gebiete typische Fauna und eine Tierwelt, die im Gegensatz dazu an kalte und unwirtliche Gegenden angepaßt ist, anzutreffen sind. Aufgrund dieser Gegensätze bietet eine zoologische Reise durch diese Regionen einen ganz besonderen Reiz.

Es sind nur wenige und sehr anpassungsfähige Tierarten, die uns ein längeres Wegstück durch die Anden begleiten. Zu ihnen gehört der Puma. Ihm können wir in den dichten Tropenwäldern ebenso begegnen wie hoch oben in den Anden. Dort ist auch der Kondor zu Hause, und wir treffen das Guanako, das vom Menschen immer weiter in diese unwirtlichen Höhen verdrängt wurde.

Nur wenige Affenarten dringen in den Gebirgen Asiens bis auf große Höhen vor. So trifft man in Bergwäldern den Stumpfnasenaffen, der in großen Herden lebt, im Sommer bis auf 4000 m Höhe an. Ein Herdenleben führt auch der Takin, ein robuster Verwandter der Gemsen mit kurzen Hörnern, der in den Bergen Zentralasiens etwa in Höhe der Baumgrenze anzutreffen ist und sich von Kräutern, Gräsern und Blättern ernährt.

Stumpfnasenaffe

Takin

Körperlänge: 130 cm
Spannweite: 300 cm
Neuweltgeier

Anden-Kondor
Vultur grypus

Dieser majestätische Vogel mit kräftigem Krummschnabel ist in den südamerikanischen Hochanden zwischen Nordkolumbien und Feuerland beheimatet. Er bevorzugt Höhen zwischen 3000 und 5000 m, ist aber in Patagonien auch in tiefer gelegenen Gegenden anzutreffen. Der Anden-Kondor ernährt sich von Aas und nistet auf Felsvorsprüngen.

Alpaka
Lama guanicoë pacos

Alpaka und Lama sind die Haustierformen des südamerikanischen Schaf- oder Kleinkamels. Das Alpaka wird vor allem wegen seiner langen und weichen Wolle gehalten. Wahrscheinlich stammen beide Arten vom Guanako ab, das heute noch als Wildtier in manchen Gegenden Südamerikas zu finden ist.

Körperlänge: 120–150 cm
Schwanz: 15–20 cm
Gewicht: 55–65 kg
Paarhufer

Lama
Lama guanicoë glama

Das sehr widerstandsfähige Lama ist ein südamerikanisches Schafkamel, das schon von den Inkas gezüchtet wurde. Heute halten es die Andenbewohner vor allem als Tragtier und Fleischlieferant. Wenn sich ein Lama angegriffen fühlt, spuckt es.

Körperlänge: bis zu 225 cm
Schwanz: 20–25 cm
Gewicht: bis 80 kg
Paarhufer

Yak
Bos mutus

Heimat des Yak ist Nepal, Tibet, Bhutan und die Innere Mongolei. Sein langes Fell bietet einen vorzüglichen Kälteschutz. Wild kommt der Yak nur noch ganz selten vor. Weitaus häufiger ist der kleinere Hausyak, der den Menschen jener Gegenden nicht nur Milch, Fleisch und Wolle liefert, sondern auch ihr wichtigstes Tragtier ist. Der Yak ist überaus genügsam und ernährt sich von Gebirgskräutern, Knollen und Flechten.

Körperlänge: bis zu 325 cm
Gewicht: bis zu 1000 kg
Paarhufer

Kleines Chinchilla
Chinchilla laniger

Chinchillas sind typische Bewohner der südamerikanischen Anden, wo sie sich in 2500–3500 m Höhe aufhalten. Wegen ihres seidigen und dichten Felles wurden sie fast ganz ausgerottet.

Körperlänge: 22–25 cm
Schwanz: 17–18 cm
Gewicht: 450 g
Nagetiere

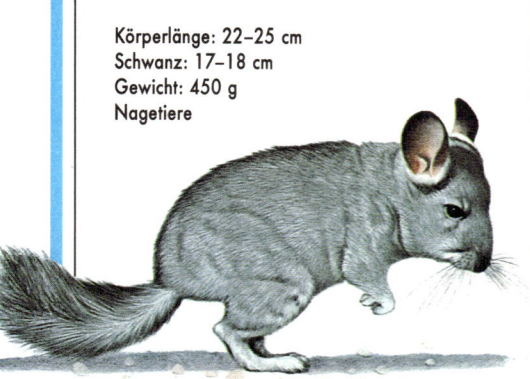

Katzenbär
Ailurus fulgens

Der Katzenbär lebt am südöstlichen Rand des Himalaya in Höhen von 1800–4000 m. Den größten Teil des Tages verbringt er ruhend auf Bäumen. Er ernährt sich von Insekten, Eiern und kleinen Säugetieren, aber auch von Pflanzen, vor allem Bambussprößlingen. Seine Höhle befindet sich in Bäumen oder Felsen. Bei einem Wurf kommen jeweils 1–4 Junge zur Welt.

Körperlänge: 51–63 cm
Schwanz: 28–48 cm
Gewicht: 3–4,5 kg
Raubtiere

Großer Panda (Bambusbär)
Ailuropoda melanoleuca

Erst 1869 entdeckt, wurde dieses Tier zum Symbol der vom Menschen bedrohten Tierwelt. Seine Heimat sind die dichten Bambuswälder Südostchinas, wo er sich in etwa 2000 m Höhe aufhält. Der Panda ernährt sich vor allem von Bambussprossen.

Körperlänge: 120–150 cm
Schwanz: 13 cm
Gewicht: 75–130 kg
Raubtiere

Schneeleopard
Uncia uncia

Der Schneeleopard lebt in Zentralasien in Höhen bis zu 6000 m. Er durchstreift die felsigen Gebiete und die Zonen des ewigen Eises. Im Winter hält sich der Schneeleopard auf etwa 2000–3000 m Höhe auf. Er jagt den Himalayasteinbock und das Bharalschaf, ernährt sich aber auch von kleineren Säugern. Leider ist er schon fast ausgerottet.

Körperlänge: 100–150 cm
Schwanz: 80–100 cm
Raubtiere

Brillenbär
Tremarctos ornatus

Der Brillenbär verdankt seinen Namen der speziellen Zeichnung im Gesicht. Er ist in den nördlichen Anden bis auf 4200 m Höhe zu Hause und ernährt sich überwiegend von Pflanzen, aber auch von Insekten und Aas. Der gewandte Kletterer ist ein Einzelgänger oder zieht familienweise umher. Bei einem Wurf kommen 1–3 Junge zur Welt.

Körperlänge: 120–140 cm
Schwanz: 7 cm
Gewicht: männliches Tier bis zu 130 kg, weibliches Tier bis zu 70 kg
Raubtiere

Puma
Felis concolor

Der Puma, auch Berglöwe oder Silberlöwe genannt, ist eines der verbreitetsten großen amerikanischen Raubtiere: Er tritt von Südkanada bis Patagonien auf. Dabei sind seine Lebensräume von der Savanne bis zu den Bergwäldern völlig unterschiedlich. Der Puma ist ein sehr wendiges Tier, das bis zu 12 m weit springen kann. Er erbeutet die verschiedensten Säugetiere, vom kleinen Nager bis zum mächtigen Elch.

Körperlänge: 100–160 cm
Schwanz: 53–85 cm
Gewicht: bis zu 125 kg
Raubtiere

Die europäischen Gebirge

Vor einer Million Jahren bot Europa bereits einen ähnlichen Anblick wie heute. Die Küstenlinien und Gebirge hatten annähernd ihr jetziges Aussehen. Nur das Klima unterlag im Laufe dieser langen Zeit ständigen und sehr starken Schwankungen. Europa erlebte eine Reihe von Eiszeiten, die sich mit Epochen gemäßigteren Klimas, ähnlich unserem heutigen, abwechselten.

In den kältesten Perioden erstreckte sich die Eisdecke, die heute auf die Polarbereiche und die höchsten Gebirge beschränkt ist, über weite Gebiete und bedeckte einen großen Teil Mitteleuropas. In diesen Eiszeiten waren Zonen der Tundravegetation und der nördlichen Nadelwälder mit den dort beheimateten Tieren viel weiter nach Süden verschoben, als das heute der Fall ist.

Mit der Rückkehr günstigerer klimatischer Bedingungen wurden die Eisflächen immer mehr nach Norden gedrängt. Pflanzen und Tieren aus den gemäßigteren Klimazonen gelang es auf diese Weise, einen großen Teil unseres Kontinents nach und nach wieder zu besiedeln.

Die Alpen und die anderen großen zentraleuropäischen Gebirge waren nun eine Zufluchtsstätte

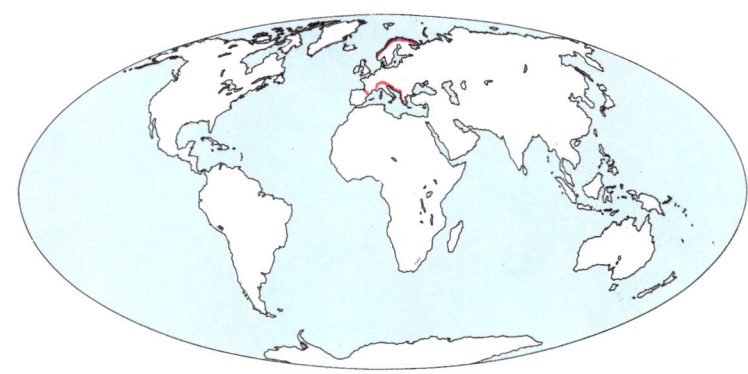

für viele typische Pflanzen und Tiere aus den kalten Regionen. Deshalb weist die Tierwelt der Alpen eine große Ähnlichkeit mit der Fauna des nördlichsten Europa auf, während die Gemeinsamkeiten mit dem benachbarten Mitteleuropa weniger ausgeprägt sind. Das Auerhuhn ist beispielsweise sowohl in Skandinavien als auch in den Alpen beheimatet, kommt aber in den dazwischenliegenden Gegenden nicht vor.

Die Tier- und die Pflanzenwelt in den europäischen Gebirgen sind von der jeweiligen Höhenlage abhängig. Auf eine Laubwaldzone folgt in 800–1000 m Höhe die Nadelwaldzone. Oberhalb des Nadelwaldes beginnt die Zone des Krummholzes und der Alpenmatten. Die Schneegrenze schließlich liegt zwischen 2500 und 3100 m.

In den europäischen Gebirgen sind zahlreiche Tierarten zu Hause. Weit oben in den Bergen, wo

Hermelin

Alpenbock

Laufkäfer

Goldlaufkäfer

Hundertfüßer

Schneemaus

Schnecke

Tausendfüßer

Sandlaufkäfer

Mit zunehmender Höhe werden die klimatischen Bedingungen immer ungünstiger. Die kühlen und schattigen Buchenwälder gehen in Nadelwälder mit Tannen-, Fichten- oder Lärchenbestand über. Oberhalb der Waldgrenze gibt es keine Bäume mehr. Hier wachsen Wacholder, Rhododendren und Zwergweiden. Man fühlt sich fast in arktische Regionen versetzt, wo auf den Nadelwald, der Taiga genannt wird, die ebenfalls mit niedrigen Sträuchern übersäte Tundra folgt. In noch größeren Höhen gibt es neben Weiden und Matten nur noch einen niedrigen Kräuterwuchs und Flechten. Und dann und wann lugt eine Gebirgsblume zwischen den Felsen hervor. Je höher es hinaufgeht, um so weniger Tiere sind natürlich anzutreffen. Doch dort oben, zwischen den höchsten Felsen, findet der genügsame Steinbock noch ein reiches Angebot an Kräutern, und der Steinadler kann hier ungestört seinen Horst bauen.

Gemse

Steinbock

Apollofalter

Alpensegler

Alpendohle

Alpenschneehuhn

Auerhahn

Brauner Bär

Murmeltier

Schneehase

Schwärzling

Flechtenbär

Amsel

Wasseramsel

Alpensalamander

Alpenspitzmaus

Latschen und Rhododendren wachsen, ist die Heimat von Steinbock und Gemse, Steinadler und Murmeltier. Während des langen und kalten Winters sind diese Zonen tief verschneit. Deshalb wandern viele Tiere zu Beginn der rauhen Jahreszeit in tiefergelegene Bereiche hinab oder ziehen nach Süden. Andere, wie das Murmeltier, halten unter der Erde einen Winterschlaf. Einige bleiben auch im Winter aktiv, tauschen jedoch ihr dünnes braunes Sommerfell gegen einen wärmeren weißen Winterpelz, etwa das Hermelin oder der Schneehase.

Uhu
Bubo bubo

Der Uhu ist die größte aller Eulen und in Europa, Nordafrika und Vorderasien heimisch. Er lebt in Bergwäldern und baut sein Nest meist in Felsnischen. Auffällig sind die Ohrbüschel und sein typischer Ruf.

Körperlänge: 70 cm
Spannweite: bis über 170 cm
Eulen

Gemse
Rupicapra rupicapra

Die Gemse ist eine Bewohnerin der europäischen und kleinasiatischen Hochgebirgszüge und kann ausgezeichnet klettern. Ihre Hufe sind dafür besonders geeignet. Gemsen leben in Rudeln. Das weibliche Tier bringt immer nur 1 Junges zur Welt.

Körperlänge: 100–130 cm
Schwanz: 9–14 cm
Gewicht: 30–50 kg
Paarhufer

Alpensalamander
Salamandra atra

Lebt in höheren Lagen der Alpen und des nördlichen Balkans und ist vor allem in der Nacht oder an Regentagen aktiv. Diese Salamanderart legt keine Eier, sondern bringt lebende Junge zur Welt.

Körperlänge: 16 cm
Schwanzlurche

Schneehase
Lepus timidus

Dieser Waldbewohner ist in Nordeuropa, den Alpen und in Nordasien verbreitet. Er trägt im Sommer ein braunes, im Winter dagegen ein schneeweißes Fell.

Körperlänge: 50–65 cm
Schwanz: 4–8 cm
Gewicht: 2–6 kg
Hasentiere

Alpenspitzmaus
Sorex alpinus

Die tag- und nachtaktive Alpenspitzmaus ernährt sich von Insekten und Würmern. Sie gräbt sich ein Nest unter der Erde oder benützt die Gänge des Maulwurfs.

Körperlänge: 6–8 cm
Schwanz: 4–6,5 cm
Gewicht: 6–12 g
Insektenfresser

Alpensteinbock
Capra ibex

Der in verschiedenen Gebieten der Alpen lebende Alpensteinbock ist ein äußerst geschickter Kletterer, der sogar steilste Schluchten zu überwinden vermag. Er ernährt sich von Kräutern und Wurzeln.

Körperlänge: 100–160 cm
Schwanz: 12–15 cm
Gewicht: männliches Tier 70–125 kg,
weibliches Tier 50 kg
Paarhufer

Bergeidechse
Lacerta vivipara

Eine sehr verbreitete Eidechsenart, die in einem großen Teil Europas und Nordasiens beheimatet ist. Sie kann auch im kühlen Wald und sehr weit nördlich überleben. Die Bergeidechse legt keine Eier, sondern bringt ihre 3–10 Jungen lebend zur Welt.

Körperlänge: bis zu 18 cm
Schuppenkriechtiere

Alpenbock
Rosalia alpina

Der Alpenbock ist ein sehr seltener Bewohner der europäischen Bergwälder. Seine Larven entwickeln sich in altem Buchenholz, selten auch in anderen Laubbäumen. Sie benötigen mehrere Jahre, um sich zu entwickeln. Das Leben des erwachsenen Käfers ist dagegen nur kurz.

Körperlänge: 2–3,5 cm
Käfer

Mauerläufer
Tichodroma muraria

Kommt in den Gebirgen Mittel- und Südeuropas sowie Zentralasiens vor. Mit ausgebreiteten Flügeln hat er eine verblüffende Ähnlichkeit mit einem großen Schmetterling. Ein prachtvoller und seltener Vogel, der sehr tief in Felsspalten nistet und sich von Insekten und Spinnen ernährt.

Körperlänge: 17 cm
Sperlingsvögel

Alpenmurmeltier
Marmota marmota

Das Alpenmurmeltier lebt im hochalpinen Bereich in kleinen Familiengruppen. Es legt Baue an, die aus einem komplizierten Röhrensystem bestehen.

Körperlänge: 50–60 cm
Schwanz: 13–19 cm
Gewicht: 4–8 kg
Nagetiere

Luchs
Lynx lynx

Der früher in ganz Europa beheimatete Luchs ist heute bei uns nahezu ausgerottet. Er jagt Rehe und Hasen.

Körperlänge: 80–130 cm
Schwanz: 11–24 cm
Gewicht: 18–32 kg
Raubtiere

Wildkatze
Felis silvestris

Die Wildkatze war früher in den mitteleuropäischen Wäldern recht verbreitet, wurde aber dann fast völlig ausgerottet. Nur in wenig besiedelten Waldgebieten haben noch einige dieser scheuen Tiere überlebt, die sich vor allem von Mäusen ernähren. Unsere Hauskatzen stammen jedoch nicht von den Wildkatzen, sondern von den afrikanischen Falbkatzen ab.

Körperlänge: 50–80 cm
Schwanz: 28–35 cm
Gewicht: 5–10 kg
Raubtiere

Hermelin (Wiesel)
Mustela erminea

In Europa, Asien und Nordamerika verbreitet, trägt das Hermelin im Sommer ein braunes, im Winter ein weißes Fell.

Körperlänge: 20–32 cm
Schwanz: 8–12 cm
Gewicht: 150–350 g
Raubtiere

Auerhuhn
Tetrao urogallus

Das Auerhuhn lebt in den Nadel- und Mischwäldern Nordeuropas und Asiens sowie in einigen Gegenden der Alpen. Im Winter ernährt es sich vor allem von Tannen- und Kiefernnadeln, in den anderen Jahreszeiten auch von Gras, Beeren und Insekten. In der Paarungszeit vollführt der Auerhahn eine eindrucksvolle Balz.

Körperlänge: männliches Tier 90 cm, weibliches Tier 60 cm
Hühnervögel

Alpensegler
Apus melba

Der Alpensegler lebt in den Gebirgen Südeuropas und Zentralasiens bis hin zum Himalaya, aber es gibt auch einige Kolonien, die in der Stadt an hohen Gebäuden nisten. Der ausdauernde und vorzügliche Flieger ernährt sich von Insekten, mit Vorliebe von Mücken, die er im Fluge fängt.

Körperlänge: 21 cm
Spannweite: 53 cm
Seglervögel

Steinadler
Aquila chrysaetos

Alle europäischen Adler sind stark gefährdet. Der Steinadler war früher in vielen Gegenden Europas, Asiens, Nordafrikas und Nordamerikas heimisch, ist aber heute selten geworden und kommt in Deutschland nur noch in den Alpen vor. Er hat einen kurzen, gerundeten Schwanz und einen Hakenschnabel. Sein Lebensraum sind vor allem hohe Felswände, auf denen er sein Nest baut, das Horst genannt wird. Die beiden Eier werden vom Weibchen allein ausgebrütet. Der Adler schlägt Hasen und Murmeltiere, aber auch Reh- und Gamskitze.

Körperlänge: 80–90 cm
Spannweite: 210–230 cm
Greifvögel

Mäusebussard
Buteo buteo

In Mitteleuropa und Nordafrika verbreitet, ist der Mäusebussard ein Raubvogel, der auf Feldern und in Wäldern lebt. Er ernährt sich von Mäusen, kleinen Schlangen und Insekten und legt 2–4 Eier in ein Nest aus Zweigen, Blättern, Moos und Tierhaaren. Die Brutpflege wird von beiden Partnern betrieben.

Körperlänge: 55 cm
Greifvögel

Apollofalter
Parnassius apollo

Der Apollofalter ist ein charakteristischer, aber recht seltener Gebirgsschmetterling, der in den Alpen und in anderen europäischen Gebirgen beheimatet ist. Seine feinbehaarten Raupen leben von der Fetthenne.

Körperlänge: 25 mm
Spannweite: bis zu 8 cm
Schmetterlinge

Schneemaus
Microtus nivalis

Lebt in den Hochgebirgen Europas und Vorderasiens. In den Alpen kann man die Schneemaus noch in über 4000 m Höhe antreffen. Sie ist tag- und nachtaktiv und ernährt sich von Pflanzen.

Körperlänge: 11–14 cm
Schwanz: 5–7,5 cm
Gewicht: 40–65 g
Nagetiere

Wasseramsel
Cinclus cinclus

Die Wasseramsel ist an Bächen und Flüssen Südeuropas heimisch und der am weitesten ans Wasser angepaßte Singvogel. Sie kann unter Wasser laufen und vorzüglich nach ihrer Nahrung tauchen: kleinen Krebsen und Fischen.

Körperlänge: 19 cm
Sperlingsvögel

Die Nadelwälder

Im Winter sind die schneebedeckten Nadelwälder unwirtlich, aber das übrige Jahr hindurch bieten sie zahlreichen Arten von Säugetieren und vor allem den Vögeln, die hier gerne nisten, ein überreiches Nahrungsangebot. Denken wir nur an den Dompfaff oder den Fichtenkreuzschnabel mit seinem speziell geformten Schnabel, der es ihm erlaubt, Samen aus den Nadelbaumzapfen zu picken.

Aber natürlich sind im Nadelwald nicht nur die Knospen und Samen der Bäume Nahrungslieferanten. Es gibt hier auch Gräser und Kräuter, Rinden und Pilze. Nicht zu vergessen sind die leckeren Waldbeeren und die vielfältigen Insektenarten, die man überall im Wald antrifft: Man findet sie in der Luft und am Waldboden ebenso wie an den Stämmen und zwischen den Zweigen der Bäume.

Wer mit offenen Augen durch den Wald geht, wird bald bemerken, daß jeder einzelne Baum eine

Rechts: In alten Baumstämmen entwickeln sich die Larven vieler Bockkäfer. Wenn die Käfer ausgewachsen sind, finden wir sie oft auf Blumen und Blüten von Waldlichtungen.

Schmalbock

Larve des Alpenbocks in einem Buchenstamm

Unten links: Der Baummarder verfolgt das Eichhörnchen, während der Steinmarder dem Nest des Fichtenkreuzschnabels einen Besuch abstattet: Die kleinen Räuber im Wald müssen wendig und flink sein und gut klettern können.

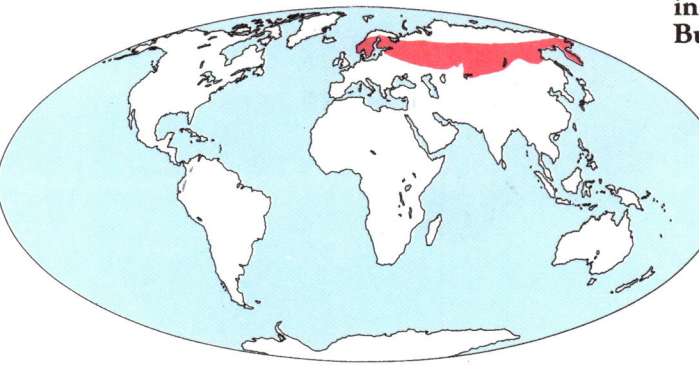

Steinmarder

Baummarder

Eichhörnchen

eigene kleine Welt darstellt, die Lebewesen aller Art bevölkert. Wir können uns den Wald nur schwer ohne das laute Rufen und Trommeln des Spechts vorstellen. Mit seinem kräftigen Schnabel hackt er die Baumrinde auf und holt mit Hilfe seiner klebrigen Zunge die darunter verborgenen Insektenlarven heraus. Etwas später wird er seine Aufmerksamkeit vielleicht einer Prozession von Ameisen zuwenden, den wohl fleißigsten Bewohnern des Waldes überhaupt.

Besonders beeindruckend ist das Leben der Roten Waldameisen, die ein Erdhügelnest bauen; sie legen einen unterirdischen Bau an, über dem sie dann ein kuppelartiges Gebilde aus Tannen- und Fichtennadeln errichten. Die Feinschmeckerinnen unternehmen zur Nahrungsuche ständig Streifzüge durch den Wald. So können sich Schädlingsinsekten nicht übermäßig vermehren, deren Larven die Bäume eines Waldes in kurzer Zeit kahlfressen würden.

Nur die Roten Wald-
ameisen, die immer in
großer Zahl vorhanden
sind und sowohl am
Boden als auch auf den
Baumstämmen ständig
„auf Streife gehen",
können es verhindern,
daß sich im Wald
übermäßig viele Schäd-
linge ausbreiten und
die Bäume kahlfressen.
Das erste Anzeichen für
die Anwesenheit der
Roten Waldameisen
sind die Ameisen-
haufen, die sie zu
Füßen alter Nadel-
bäume anlegen.

**Ameisenhaufen der
Roten Waldameise**

Tannenknospen sind auch für den Siebenschläfer, der überaus hungrig aus seinem langen Winterschlaf erwacht ist und alle Reserven aufge-
braucht hat, eine willkommene Nahrung. Doch
der Siebenschläfer und die anderen Nagetiere
müssen sich vorsehen: vor allem vor dem Marder,
der auf der Nahrungssuche überaus geschickt auf
Bäume klettert, und vor dem mächtigen Uhu,
dem größten europäischen Nachtraubvogel.

Ein wichtiger Teil des Tierlebens spielt sich
unter der Erde oder zwischen den herabgefallenen
Tannen- und Fichtennadeln ab. Dieser Bereich
wird von einer Vielzahl von Lebewesen bevölkert,
angefangen bei jenen, die sich von abgestorbenen
Nadeln oder Holzteilchen ernähren, etwa Würmer, Tausendfüßer und zahlreiche Insekten. Aber
auch viele Räuber sind hier anzutreffen, so der
Hundertfüßer oder verschiedene Käfer, auf deren
Speiseplan oft kleine Schnecken stehen.

**Riesen-
holzwespe**

**Weibchen des
Zimmermannsbocks**

**Puppenwiege des
Zimmermannsbocks**

Buchdrucker

Larvengang

**Larve des
Zimmermannsbocks**

Muttergang

Rote Waldameise

Puppe

Larve

Rechts: Unter den vielen Tieren,
die sich in Baumstämmen entwickeln, ist der Buchdrucker, eine
Art der Borkenkäfer, besonders
interessant. Der Buchdrucker ist ein
Forstschädling und meist an Fichten
zu finden. Die von diesem Käfer
zwischen Holz und Rinde ange-
legten Gänge haben eine besondere
Form. Sie sind in gewisser Weise
Familienarbeit: Der mittlere Gang,
Muttergang genannt, wird von einem
erwachsenen weiblichen Käfer gegra-
ben; von ihm zweigen zu beiden Seiten zahlreiche Larvengänge ab, die
– wie der Name schon andeutet –
von den Larven angelegt werden.

Rothirsch

Cervus elaphus

Der Rothirsch ist in allen gemäßigten Zonen der nördlichen Halbkugel anzutreffen. Er ernährt sich ausschließlich von Pflanzen und lebt meist in Rudeln.

Körperlänge: 160–250 cm
Schwanz: 12–15 cm
Gewicht: bis zu 350 kg
Paarhufer

Reh

Capreolus capreolus

Das Reh ist in den gemäßigten und gebirgigen Gegenden Europas und Nordasiens beheimatet und lebt vorzugsweise im Wald. Ebenso wie bei den Hirschen besitzen nur die männlichen Tiere ein Geweih, das eine Länge von bis zu 25 cm erreichen kann.

Körperlänge: 95–140 cm
Schwanz: 2–3 cm
Gewicht: 15–35 kg
Paarhufer

Iltis

Putorius putorius

Der gute Schwimmer und Taucher ist in fast ganz Europa verbreitet. Sein bevorzugter Lebensraum sind Auwälder, doch ist er auch in der Nähe von Wohnsiedlungen anzutreffen. Wenn er erschrickt, gibt er aus Drüsen unter dem Schwanz ein übelriechendes Sekret ab.

Körperlänge: 32–45 cm
Schwanz: 13–17 cm
Gewicht: männliches Tier bis zu 1,5 kg,
weibliches Tier bis zu 800 g
Raubtiere

Hirschkäfer

Lucanus cervus

Der Hirschkäfer ist der größte Käfer Europas. Er bevorzugt große Eichenwälder und ist heute nur noch selten zu finden. Die Larven benötigen mindestens 5 Jahre, bis sie sich verpuppen und als erwachsene Käfer ausfliegen.

Körperlänge: bis zu 7,5 cm
Käfer

Siebenschläfer

Glis glis

Das kleine Nagetier ist in Wald- und Gebirgsgegenden ganz Europas zu finden und ernährt sich von Pflanzen, bisweilen auch von Insekten. Das Tier hält einen langen Winterschlaf.

Körperlänge: 13–21 cm
Schwanz: 11–18 cm
Gewicht: 70–150 g
Nagetiere

Eichhörnchen
Sciurus vulgaris

Das Eichhörnchen ist in den Waldgebieten Europas und Vorderasiens zu Hause. Eichhörnchen halten keinen Winterschlaf. Sie legen im Herbst Futtervorräte aus Eicheln, Bucheckern und Nüssen an, damit auch im langen Winter ausreichend Nahrung vorhanden ist.

Körperlänge: bis zu 25 cm
Schwanz: 15–20 cm
Gewicht: 200–480 g
Nagetiere

Baummarder
Martes martes

Körperlänge: 42–53 cm
Schwanz: 20–26 cm
Gewicht: bis zu 2,4 kg
Raubtiere

Lebt in ganz Europa und Nordasien in Wäldern aller Art. Der Baummarder ist ein Einzelgänger, der sich vorwiegend von Eichhörnchen sowie von Vögeln und Früchten ernährt. Ein ausgezeichneter Kletterer, der bis zu 4 m weit springen kann.

Dachs
Meles meles

Der nachtaktive Dachs ist in den gemäßigten Breiten Europas und Asiens anzutreffen und für seine Bautätigkeit bekannt. Dachse ernähren sich von Pflanzen und von Tieren.

Körperlänge: 61–90 cm
Schwanz: 15–19 cm
Gewicht: 6,5–17 kg
Raubtiere

Körperlänge: 6,5–9 cm
Schwanz: 5,5–8 cm
Gewicht: 23–35 g
Nagetiere

Haselmaus
Muscardinus avellanarius

Das nachtaktive Tier ist in einem großen Teil Europas und Kleinasiens verbreitet und bevorzugt Laubwälder. Es ernährt sich vor allem von festen Samen, aber auch von Früchten und Beeren und hält einen Winterschlaf.

Gartenschläfer
Eliomys quercinus

Körperlänge: 9–17 cm
Schwanz: 8,5–13 cm
Gewicht: 50–150 g
Nagetiere

Kommt in einem großen Teil Europas und auch in Nordafrika vor. Der Gartenschläfer lebt in Laub- und Nadelwäldern und ist ein überaus geschickter Kletterer, auch wenn er die meiste Zeit am Boden verbringt. Das nachtaktive Tier hält einen Winterschlaf.

Eichelhäher
Garrulus glandarius

Der Eichelhäher ist in allen Waldgebieten Europas verbreitet, wo er, außer in der Paarungszeit, in großen Gruppen lebt. Beim Brüten der 5–10 Eier lösen sich die Eltern ab.

Körperlänge: 35 cm
Sperlingsvögel

Dompfaff (Gimpel)
Pyrrhula pyrrhula

Der Dompfaff ist fast überall in Europa in Wäldern und Parkanlagen anzutreffen. Er baut sein Nest vorzugsweise in einigen Metern Höhe auf den äußeren Zweigen einer Fichte. Ein- bis zweimal jährlich legt er 4–5 Eier.

Körperlänge: 16 cm
Sperlingsvögel

Fichtenkreuzschnabel
Loxia curvirostra

Seine Heimat sind die Nadelwälder der nördlichen Halbkugel. Der Fichtenkreuzschnabel ernährt sich ausschließlich von den Samen der Nadelbäume, die er mit seinem speziell ausgebildeten Schnabel aus den Zapfen holt.

Körperlänge: 17 cm
Sperlingsvögel

Braunbär
Ursus arctos arctos

Ursprünglich war der Braunbär in den gemäßigten oder mäßig kalten Zonen Europas, Asiens und Nordamerikas weit verbreitet. In Nordamerika gehören der mächtige Grizzly und der noch gewaltigere Kodiakbär zu seinen Verwandten. Doch heute ist der wendige und anpassungsfähige Allesfresser fast überall selten geworden. Der Bär ist ein Sohlengänger mit nicht einziehbaren Krallen. Die Bärenmutter bringt meist 2 etwa rattengroße blinde Junge zur Welt. Den Winter verschläft der Braunbär in einer kleinen Höhle.

Körperlänge: 150–250 cm
Schwanz: 6–14 cm
Gewicht: bis zu 300 kg
Raubtiere

Tannenmeise
Parus ater

Die Tannenmeise bevorzugt Nadelwälder, ist aber auch in Mischwäldern zu finden. Sie brütet zweimal pro Jahr und kann jeweils bis zu 12 Eier legen. Die Tannenmeise ist ein Strichvogel. Das bedeutet, daß sie außerhalb der Brutzeit in ihrem weiten Heimatbereich umherstreift.

Körperlänge: 11,5 cm
Sperlingsvögel

Tannenhäher
Nucifraga caryocatactes

Der Tannenhäher lebt in den europäischen und sibirischen Nadelwäldern. Er nistet auf Bäumen und ernährt sich von Insekten und Früchten. In manchen Jahren fallen große Scharen von Tannenhähern in Mitteleuropa ein.

Körperlänge: 32 cm
Sperlingsvögel

Haubenmeise
Parus cristatus

Die Haubenmeise lebt im größten Teil Europas in Nadel- und Mischwäldern und ist wie alle Meisen ein Allesfresser. Ihr Nest baut sie in alten Baumstämmen.

Körperlänge: 12 cm
Sperlingsvögel

Alpenbraunelle
Prunella collaris

Die Alpenbraunelle ist in allen Hochgebirgen Europas und Asiens heimisch. Sie bevorzugt eine karge, felsige Umgebung über der Baumgrenze und ernährt sich von Samen und Insekten.

Körperlänge: 18,5 cm
Sperlingsvögel

Steinmarder
Martes foina

Die Verbreitung des Steinmarders erstreckt sich von Mittel- und Südeuropa bis zum Himalaya. Er lebt oft in Laubwäldern, wo er alle Arten von kleinen Säugetieren und Vögel jagt. Im Herbst reichert er seine Speisekarte mit Waldfrüchten an.

Körperlänge: 42–50 cm
Schwanz: 24–26 cm
Gewicht: bis zu 2,3 kg
Raubtiere

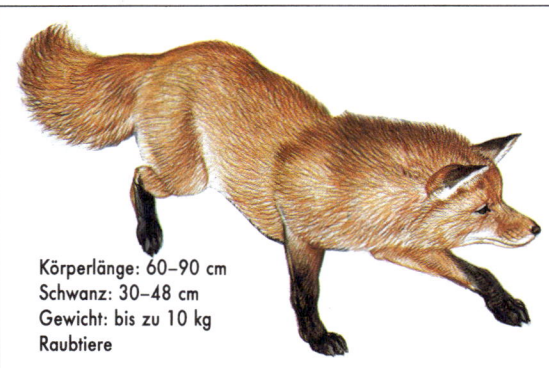

Körperlänge: 60–90 cm
Schwanz: 30–48 cm
Gewicht: bis zu 10 kg
Raubtiere

Rotfuchs
Vulpes vulpes

Der Rotfuchs ist ein Einzelgänger und in Europa, Asien und Nordamerika verbreitet. Er lebt vor allem im Wald, wo er kunstvolle Erdbaue anlegt. Der Allesfresser ist sehr wendig und geschickt, Riech- und Hörsinn sind gut entwickelt.

Aspisviper
Vipera aspis

Die giftige Viper kommt besonders in den Pyrenäen, in Deutschland nur im südlichen Schwarzwald vor. Sie bevorzugt trockenes und steiniges Gelände.

Körperlänge: bis 80 cm
Schuppenkriechtiere

Feld und Flur

Ein sonniger Tag im Spätfrühling ist der richtige Augenblick, um das Leben auf einer Wiese einmal genauer zu betrachten. Zwischen dem satten grünen Gras sehen wir dichtgedrängt die roten Köpfchen des Wiesenklees, den gelben Löwenzahn, die weißen Blüten der Schafgarbe, Gänseblümchen, Vergißmeinnicht und viele andere Blumen. Auf den Blüten und im Gras wimmelt es nur so von kleinen Lebewesen. Wer sich auf den Bauch legt, kann die Wiesenbewohner ganz aus der Nähe beobachten. Und wenn wir den Blick heben, können wir hoch am Himmel die Schwalben bei ihrer Jagd nach Insekten beobachten.

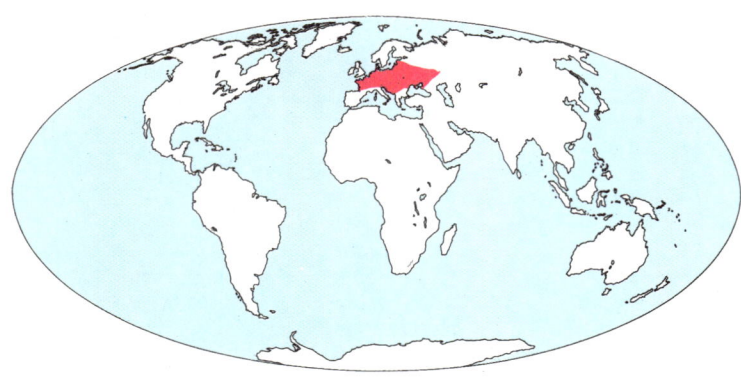

Kennzeichnend für Lerchen ist der Gesang im Flug.

Schwalben jagen im Flug nach Mücken.

Lerchennest

Auch unter der Erde herrscht ein reges Treiben. Regenwurm und Maulwurfgrille graben sich ebenso durch das Erdreich wie die Feldmaus und der Maulwurf, der ein ausgedehntes Gängesystem anlegt. Auf der Wiese zeugen nur die Maulwurfhügel von seiner Anwesenheit.

Auf der Suche nach dem Nektar statten Bienen und Schmetterlinge den zahllosen Blüten auf unserer Wiese einen Besuch ab. Da gibt es Grashüpfer, Grillen und Heuschrecken, gefräßige Raupen und Käfer, die mit ihren großen Zangen Gräser und Blätter abschneiden, um ihren riesigen Hunger zu stillen, und, nicht zu vergessen, die Ameisen.

Bei ihren unermüdlichen Erkundungsgängen lassen die Ameisen kein Fleckchen Erde und keinen einzigen Blütenstengel aus. Dort begegnen sie dann einem für sie höchst interessanten Tier: der Blattlaus. Mit ihrem kleinen Rüssel saugt die Blattlaus den Saft aus den Blättern grüner Pflan-

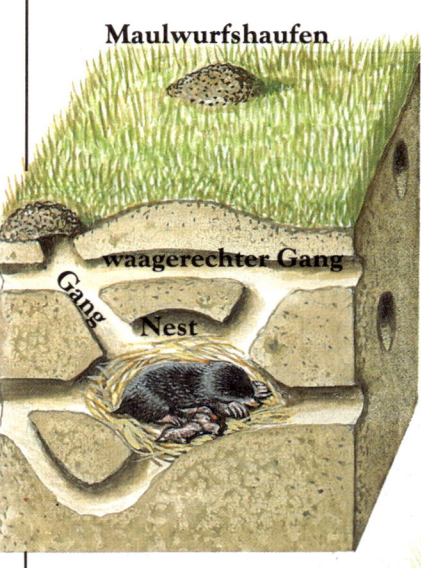

Maulwurfshaufen

waagerechter Gang

Gang

Nest

Der unterirdische Bau des Maulwurfs umfaßt eine Wohnkammer, die als Nest dient, weitere Nebenräume und ein verzweigtes System von Gängen und Entlüftungsrohren.

Die Feldmaus legt neben ihrem Nest stets noch eine Vorratskammer für den Winter an.

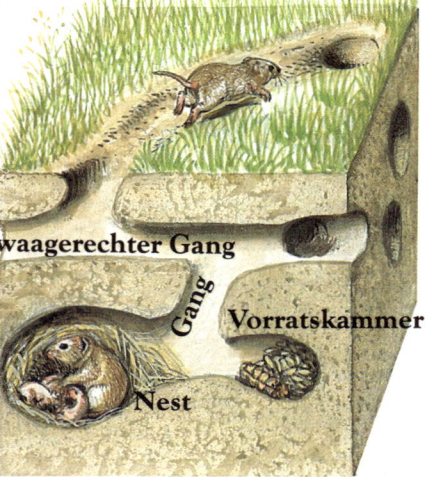

waagerechter Gang

Gang

Nest

Vorratskammer

Ein unterirdischer Schlupfwinkel voller zerbrechlicher Kokons ist das Nest der Hummel. Einige dieser Kokons dienen als Honigbehälter, in anderen leben die Larven oder Puppen bis zum Schlüpfen der Junghummeln. Letztere sind im Vordergrund zu sehen; die Kokons wurden von den Arbeiterinnen verschlossen.

Zellen voller Honig

Puppenkokons

Zahlreiche Vögel suchen auf Wiesen und Feldern nach Nahrung. Andere, beispielsweise die Schwalben, ernähren sich von kleinen Insekten, die sie im Flug fangen. Lerchen und Krähen finden ihr Futter dagegen in der Erde. Für viele Vögel auf dem Land bietet die Zeit der Aussaat eine zusätzliche reichhaltige Nahrungsquelle.

zen. Für die Pflanzen ist dies überaus schädlich. Da nun Ameisen eine Vorliebe für süße Säfte haben, „melken" sie die Blattläuse regelrecht, bis an deren Hinterleib ein süßer Tropfen, der sogenannte Honigtau, austritt. Die Blattläuse lassen dies mit sich geschehen, weil sie die Anwesenheit der Ameisen vor anderen Insekten schützt, die ihnen vielleicht gefährlicher werden könnten.

Marienkäfer und ihre Larven ernähren sich von Blattläusen. Die als Glücksbringer bekannte Käferart ist somit ein wichtiger Schädlingsvertilger.

Viele der kleinen Wiesenbewohner werden von bestimmten listigen Schmarotzern bedroht. Kleine und eher unscheinbare Wespen sind besonders raffiniert und gefährlich. Es gibt von ihnen die verschiedensten Arten, und jede hat ihr bevorzugtes Opfer. Einige dieser Wespen sind so klein, daß sie sich in einem Schmetterlingsei entwickeln können. Größere machen sogar Jagd auf Raupen. Sie lähmen ihr Opfer durch Gift, schlep-

pen es mühsam in ihren Erdunterschlupf und legen dann ein Ei an das Opfer. Die Wespenlarve ernährt sich also von der noch lebenden, gelähmten Raupe.

Wie alle Lebensbereiche in den gemäßigten Zonen ändert sich auch das Gesicht der Wiese je nach Jahreszeit. In der Sommerhitze werden viele Wiesen trocken und unwirtlich. Jetzt kommen hier hungrige Vögel vorbei, die auf der Suche nach Sämereien sind. Dann, an der Schwelle zum Herbst, erlebt die Wiese jedoch einen zweiten Höhepunkt: Nun herrscht wieder reges Leben, und es wimmelt von Grillen und Grashüpfern, die jetzt, vor Einbruch des Winters, erwachsen sind.

Unten: Auch im Erdreich herrscht reges Leben. Hier finden wir den Regenwurm, der sich von in der Erde enthaltenen tierischen und pflanzlichen Substanzen ernährt. Und hier lebt auch die Larve des selten gewordenen Maikäfers, der Engerling, und ernährt sich von Wurzeln.

Rechts: An den Stengeln und Trieben der Pflanzen finden wir viele Insekten, etwa die schädlichen Blattläuse und auch die Schaumzikaden, welche die Pflanzen aussaugen. Hier sind aber auch ihre Jäger, der Marienkäfer und die Florfliege, anzutreffen.

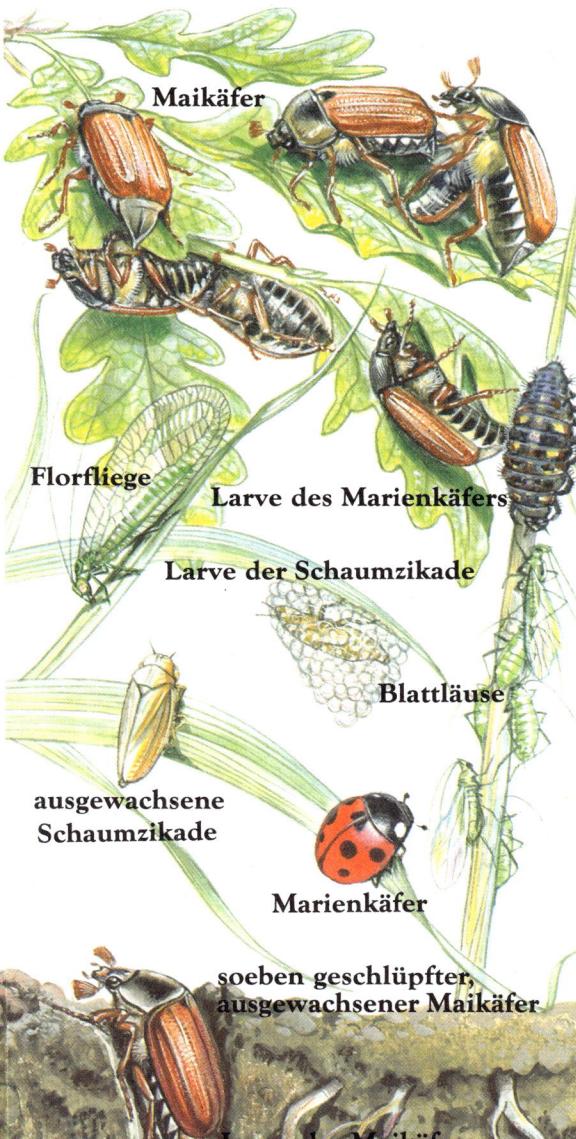

Maikäfer

Florfliege

Larve des Marienkäfers

Larve der Schaumzikade

Blattläuse

ausgewachsene Schaumzikade

Marienkäfer

soeben geschlüpfter, ausgewachsener Maikäfer

Maulwurfsgrille

Regenwurm

Larve des Maikäfers

Hummel

Eier der Maulwurfsgrille

Puppe des Maikäfers

Hummel
Bombus lucorum

Hummeln legen ihr Nest in der Erde an. Ein Hummelvolk besteht aus einer besonders großen und langlebigen Königin, vielen Arbeiterinnen, die sich um die Nahrungssammlung und Brutpflege kümmern, und den kurzlebigen Männchen. Ihren Wehrstachel benützen Hummeln nur selten.

Körperlänge: 1,8–2,1 cm
Hautflügler

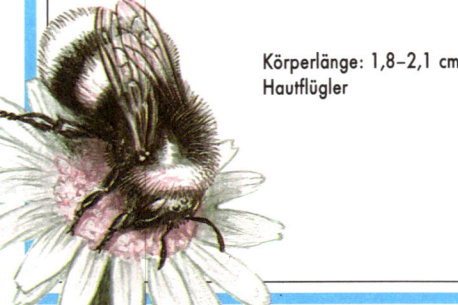

Körperlänge: 1,5–2 cm
Hautflügler

Wespe
Vespula germanica

Die Wespe ist ein geselliges Insekt, das zum Nestbau einen papierartigen grauen Baustoff verwendet. Die Arbeiterinnen erzeugen ihn aus Holzfasern und Speichel und fertigen daraus ein kunstvolles Wabennest. Erwachsene Wespen ernähren sich von Früchten und Nektar, die Larven werden mit Fleisch gefüttert.

Körperlänge: 6 mm
Pflanzensauger

Schaumzikade
Philaenus spumarius

Die Schaumzikade ist ein kleines Insekt aus der Familie der Zikaden oder Zirpen. Sie ernährt sich von Pflanzensäften, die sie durch ihren Saugrüssel aufnimmt. Die Larven hinterlassen an ihren Futterpflanzen schaumartige Gebilde, die Kuckucksspeichel genannt werden.

Tagpfauenauge
Inachis io

Das Tagpfauenauge gehört zu den häufigsten europäischen Tagfaltern und ist sowohl in freier Natur als auch im Stadtbereich anzutreffen. Die Raupen leben oft in Gruppen und ernähren sich unter anderem von Brennesseln und Hopfen.

Spannweite: 6 cm
Schmetterlinge

Schleiereule
Tyto alba

Die Schleiereule ist fast überall auf der Welt in gemäßigten und tropischen Zonen in nicht allzu großer Höhe anzutreffen. Auf ihren nächtlichen Jagdausflügen erbeutet sie vor allem Mäuse und andere kleine Wirbeltiere, aber auch Nachtfalter. Sie brütet zwischen Felsen, in Ruinen oder auf Kirchtürmen und legt 2–8 Eier.

Feldlerche
Alauda arvensis

Die Feldlerche kommt in Europa, Nordafrika und im gemäßigten asiatischen Raum recht häufig vor. Der Bodenvogel ernährt sich von Samen, Insekten und Getreide. Sein Lied gilt als erstes wirkliches Frühlingszeichen.

Körperlänge: 18 cm
Sperlingsvögel

Körperlänge: 36 cm
Spannweite: bis zu 95 cm
Eulen

Saatkrähe

Corvus frugilegus

Der große Rabenvogel ist auf der gesamten nördlichen Halbkugel beheimatet und lebt in Kolonien. Er toleriert auch während der Paarungs- und Brutzeit die Nähe seiner Artgenossen. Der Allesfresser baut sein Nest auf eine kräftige Astgabel. Am Nestbau sind beide Partner beteiligt. Das Ausbrüten der 3–5 Eier dauert rund zweieinhalb Wochen und wird ausschließlich vom Weibchen übernommen.

Körperlänge: 49 cm
Sperlingsvögel

Spannweite: 3 cm
Schmetterlinge

Hauhechelbläuling

Polyommatus icarus

Bläulinge bilden eine große Familie kleiner und mittelgroßer Falter. Sie sind vor allem auf Wiesen anzutreffen, wo ihre Raupen reichlich Nahrung finden. Nur die Männchen haben die typische bläuliche Färbung, während die Weibchen mit ihrer meist braunen oder gräulichen Tönung weit weniger farbenprächtig sind.

7-Punkt-Marienkäfer

Coccinella septempunctata

Dieser Marienkäfer ist in den gemäßigten Zonen Europas verbreitet. Seine Larven und die Käfer selbst vertilgen Blatt- und Schildläuse.

Körperlänge: 8 mm
Käfer

Grünes Heupferd

Tettigonia viridissima

Das durch seine grüne Färbung getarnte Tier jagt Insekten. Das Weibchen hat am Ende des Rückens einen Legestachel, mit dem es die Eier im Gewebe von Pflanzen ablegt.

Körperlänge: bis zu 4 cm
Springschrecken

Körperlänge: 12–16 cm
Schwanz: 2–4 cm
Gewicht: bis zu 130 g
Insektenfresser

Maulwurf

Talpa europaea

Das Leben des in einem großen Teil Europas beheimateten Maulwurfs spielt sich fast ausschließlich in der Erde ab. Dafür ist er unter anderem mit seinen langkralligen Händen, die gut zum Graben geeignet sind, ausgerüstet. Er legt einen unterirdischen Bau mit langen Röhren und Kammern an. Der Fleischfresser lebt von Regenwürmern, Insekten und deren Larven.

Waldkauz
Strix aluco

Körperlänge: 40 cm
Spannweite: 100 cm
Eulen

Der Waldkauz ist ein weit verbreiteter Nachtraubvogel, der in praktisch ganz Europa, Nordafrika und den gemäßigten Zonen Asiens vorkommt. Er bevorzugt Parklandschaften, ist aber auch in großen Wäldern und sogar in der Stadt anzutreffen. An kalten Wintertagen läßt sich der Waldkauz zwar manchmal von der wärmenden Sonne bescheinen, doch auf die Jagd geht er immer nur in der Nacht. Der Waldkauz ernährt sich vorzugsweise von kleinen Nagetieren und Vögeln und lebt als Einzelgänger oder zu zweit. Die 3–5 Eier werden vom Weibchen allein ausgebrütet. Während dieser Zeit wird es vom Männchen mit Nahrung versorgt.

Maikäfer
Melolontha melolontha

4 Jahre lang dauert die Entwicklung des Maikäfers. In diesem Zeitraum lebt er zunächst als Engerling (so heißt seine Larve), dann als Puppe und schließlich als Käfer unter der Erde. Erst im Mai des vierten Jahres kann er seine Flügel entfalten und ein kurzes Käferleben beginnen.

Körperlänge: 2–2,5 cm
Käfer

Nebelkrähe
Corvus corone cornix

Nebelkrähen sind im ost- und südeuropäischen Raum bis in die gemäßigteren Zonen Asiens beheimatet. Sie passen sich sehr gut an vom Menschen geprägte Lebensräume an. Die Nebelkrähen legen 4–5 Eier, die vom Weibchen ausgebrütet werden.

Körperlänge: 47 cm
Sperlingsvögel

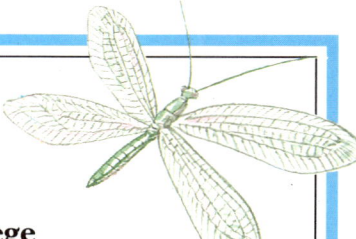

Florfliege
Chrysopa sp.

Wie der Marienkäfer verfolgt auch die Florfliege Blattläuse und ihre Larven. Sie legt ihre Eier auf den laubbefallenen Blättern ab. Die Eier sind kleiner als 1 mm und haben einen langen, dünnen Stiel, der am Blatt haftet. Die bräunlichen Larven sind mit Borsten und spitzen Kieferzangen versehen. Auch sie gehen auf Blattlausjagd.

Körperlänge: bis zu 3 cm
Netzflügler

Maulwurfsgrille
Gryllotalpa gryllotalpa

Die Maulwurfsgrille ist mit den Grillen verwandt, hat jedoch die Lebensgewohnheiten des Maulwurfs. Wie er gräbt sie sich durch das Erdreich. Dabei erweisen sich ihre schaufelartig ausgebildeten Vorderbeine als überaus nützlich. Die Maulwurfsgrille ernährt sich von kleinen Tieren. Die Larven werden von der Mutter sorgfältig gepflegt und saubergehalten.

Körperlänge: bis zu 6 cm
Springschrecken

Schwalbenschwanz
Papilio machaon

Der Schwalbenschwanz ist einer unserer größten und prächtigsten Tagfalter. Man findet ihn fast überall in Europa, leider jedoch nicht mehr so häufig wie früher. Die Raupe ernährt sich von den Blättern des wilden Fenchels oder anderen Pflanzen dieser Familie. Seinen Namen verdankt der Schmetterling den langen Flügelschwänzen.

Spannweite: 7 cm
Schmetterlinge

Körperlänge: 18 cm
Sperlingsvögel

Rauchschwalbe
Hirundo rustica

Sie ist in Europa, Asien und Nordafrika verbreitet, wo sie häufig in der Nähe des Menschen lebt. Ihr Nest baut die Rauchschwalbe gerne in Gebäuden. Sie klebt es regelrecht an die Wand. Als Baustoff dienen Halme und Erde, die sie mit Speichel vermischt. Die Rauchschwalbe ist ein Zugvogel. Als reiner Insektenfresser muß sie in warmen Gegenden überwintern.

Körperlänge: 33 cm
Sperlingsvögel

Dohle
Corvus monedula

Die Dohle ist ein etwa taubengroßer Rabenvogel und in Europa und Sibirien anzutreffen. Sie ist praktisch ein Allesfresser und lebt oft in der Stadt, wo sie in Türmen brütet. Bisweilen geht sie auch in verlassene Nester anderer Vögel. Sie legt 5–6 Eier, die meist vom Weibchen allein ausgebrütet werden.

Kohlraupenschlupfwespe
Apantales glomeratus

Diese kleine Wespe ist in den gemäßigten Zonen Europas heimisch und legt ihre Eier in die Raupe des Kohlweißlings. Bald schlüpfen die Larven und leben dann als Parasiten der Raupe. Sie höhlen sie bei lebendigem Leib aus. Wenn sich die Larven verpuppen, verendet die Raupe.

Körperlänge: 3 mm
Hautflügler

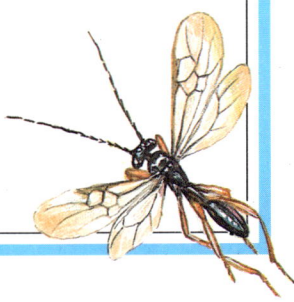

Wiedehopf
Upupa epops

Der Wiedehopf ist in Europa, Südasien und Afrika anzutreffen. Zu seinen bevorzugten Lebensräumen gehören offene Parklandschaften und Obstgärten, er fühlt sich aber auch in Savannen und Steppen wohl. Seine Nahrung besteht vorwiegend aus Käfern und Larven. Der Einzelgänger brütet in natürlichen Höhlen. Bei Bedrohung scheiden Jungvögel und das brütende Weibchen ein überriechendes Sekret aus. Der schöne Vogel mit dem unverwechselbaren Kopfputz ist einer von 4 Vertretern einer tropischen Vogelordnung, die auch in Europa vorkommen.

Körperlänge: 28 cm
Rackenvögel

Steppen, Prärien, Pampas

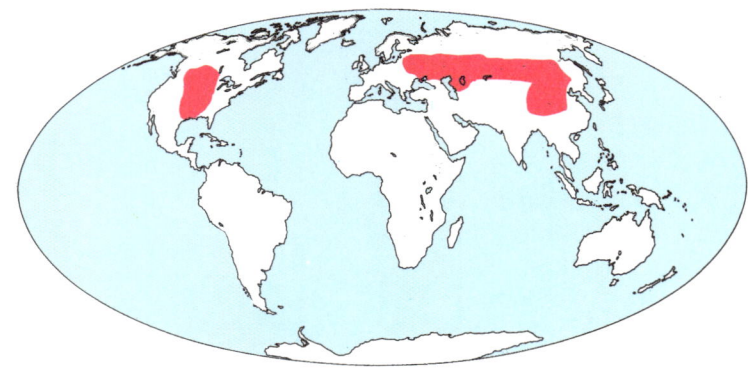

Große Waldflächen sind typisch für Gebiete mit ausreichendem Regen, nicht zu extremer Kälte und einem auch sonst gemäßigten Klima. Es gibt auf unserer Erde aber auch viele wald- und regenarme Gegenden, in denen die Niederschlagsmenge jedoch immer noch höher liegt als in der Wüste. Solche nicht ganz einfachen klimatischen Verhältnisse sind vorwiegend im Inneren der Kontinente anzutreffen. An den Küsten kommt es durch die vom Meer herangetragenen feuchten Luftmassen zu beständigeren Regenfällen.

Die weiten Prärien im Herzen Nordamerikas zu Füßen der Rocky Mountains und die großen südamerikanischen Grassteppen, die zwischen Anden und Südatlantik gelegenen Pampas, werden von diesem Klima bestimmt.

Viele der dort heimischen Tiere sind gute Läufer oder haben die Fähigkeit, sich unter der Erde aufzuhalten. Die Nahrungssuche bereitet den Bewohnern dieser riesigen Grasflächen die meiste Zeit des Jahres über keine Schwierigkeiten. Problematischer ist dagegen das oft vollkommene Fehlen einer Unterschlupfmöglichkeit. Für ein Tier, das zu groß ist, um sich im Gras oder im niedrigen Gebüsch zu verbergen, kann das schlimme Folgen haben.

Aus diesem Grund kommt es oft zu interessanten Situationen. In der argentinischen Pampa lugt beispielsweise eine kleine Eule aus der Höhle eines Gürteltiers hervor, mit dem sie friedlich zusammenlebt. Die Eule ist nicht in der Lage, sich selbst einen unterirdischen Zufluchtsort anzulegen. Das Gürteltier dagegen hat damit keinerlei Schwierigkeiten, da seine Vorderbeine zum Graben bestens ausgerüstet sind.

In Südamerika gibt es 14 verschiedene Arten von Gürteltieren. Sie besitzen alle einen harten, aber beweglichen Panzer, und manche von ihnen können sich bei Gefahr sogar zu einer Kugel zusammenrollen.

Für die Tiere, die auf dem weiten, offenen Gelände der Pampas leben, sind Termiten eine wichtige Nahrungsquelle. Ihre großen Nester aus erhärteter Erde stellen für das Gürteltier mit seinen starken Krallen kein Hindernis dar. Und mit Hilfe seiner klebrigen Zunge werden unzählige der kleinen Wesen zu einer leichten Beute.

Auf beiden Erdhalbkugeln ernähren sich viele Räuber in erster Linie von Nagetieren. Man denke nur an die Erdhörnchen Nordamerikas oder an die Viscachas und Tuco-Tucos im südlichen Teil der Neuen Welt. Alle diese Kleintiere leben unter der Erde in Systemen von Röhren und Gängen,

Rechts: Ein großer Teil des Tierlebens in der Pampa spielt sich in den Höhlen und unterirdischen Bauten der Viscachas ab. Verschiedene Vögel, etwa der Kaninchenerdhacker oder die Kanincheneule, leben dort gerne als Untermieter.

Links: Die Grassteppen mit ihren weiten, offenen Flächen bieten den Raubtieren äußerst vorteilhafte Jagdbedingungen. Denn ihre Opfer haben dort wenig Möglichkeiten, Schutz zu suchen. Vor dem Luchs, der in den Prärien Nordamerikas recht häufig anzutreffen ist, gibt es deshalb kaum ein Entrinnen.

Luchs

Kanincheneule

Viscacha

Kaninchenerdhacker

Das Beifußhuhn hat ein außergewöhnliches Balzverhalten.

Bussard

Strumpfbandnatter

Kanadagans

Bewohner der nordamerikanischen Prärien: Strumpfbandnatter, Kanadagans und Präriehuhn.

Das Präriehuhn ist fast völlig ausgerottet.

die in manchen Fällen geradezu mit unterirdischen Städten verglichen werden können.

Es gibt auch gute Springer unter den Nagetieren. Dazu gehört etwa der Mara oder Pampashase, der mit den Meerschweinchen verwandt ist, aber eher einem Hasen ähnelt. Aber natürlich leben hier auch „echte" Hasen und Kaninchen.

Unter den Raubtieren sind die Füchse besonders verbreitet. Man trifft sie in allen offenen

Im Westen werden die südamerikanischen Grassteppen von den Anden begrenzt. Dort ist die Heimat der Meerschweinchen, die ihre unterirdischen Bauten gerne zwischen Felsen anlegen. Manchmal bewohnen sie aber auch die Höhlen anderer Nagetiere.

Wildes Meerschweinchen

Geländen des amerikanischen Kontinents an, wobei sich die verschiedenen Arten je nach Breitengrad abwechseln. In den Prärien des Nordens leben Luchse und Pumas, obwohl sich letztere in den Bergen wohler fühlen.

Durch den Eingriff des Menschen hat die Prärielandschaft in Nordamerika stark gelitten. Neue Siedlungen wurden angelegt und immer mehr Land bebaut. Zu den spektakulärsten Opfern der fortschreitenden Kolonisierung des Westens gehört der Bison. Dieses mächtige Wildrind rottete man in der zweiten Hälfte des 19. Jahrhunderts fast völlig aus.

Im Vergleich dazu ist die Situation in den südamerikanischen Grassteppen eine völlig andere. Hier können sich dem Naturforscher auch heute noch unerwartete Überraschungen bieten. Im Jahre 1975 entdeckte man dort beispielsweise mit dem Riesenpekari eine Wildschweinart, von der man glaubte, sie sei schon vor Jahrhunderten ausgestorben.

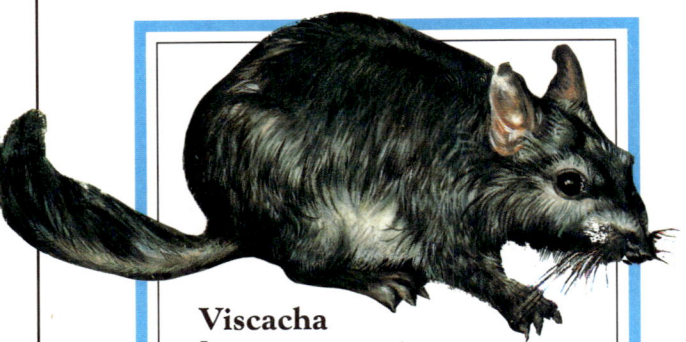

Viscacha
Lagostomus maximus

Die Heimat dieses Nagers sind die argentinischen Grassteppen. Viscachas verbringen die meiste Zeit ihres Lebens in einem unterirdischen Höhlensystem. Dort wohnen sie in Gruppen von 15–50 Tieren.

Körperlänge: 47–66 cm
Schwanz: 15–20 cm
Gewicht: etwa 7 kg
Nagetiere

Präriehund
Cynomys ludovicianus

Die nordamerikanischen Erdhörnchen legen regelrechte unterirdische „Städte" an, in denen oft Tausende der Tiere wohnen. Ihre Rufe erinnern an Hundegebell.

Körperlänge: 28–35 cm
Schwanz: 7–11 cm
Gewicht: 700–1400 g
Nagetiere

Pampasfuchs
Dusicyon gymnocercus

Der nachtaktive Räuber bewohnt in Südamerika weite, offene Landschaften ohne Bäume. Wenn ein Mensch in seine Nähe kommt, verharrt er völlig regungslos. Er ernährt sich von Nagetieren und Vögeln, aber auch von Früchten und Zuckerrohr.

Körperlänge: etwa 62 cm
Schwanz: etwa 40 cm
Gewicht: 4,8–6,5 kg
Raubtiere

Gabelbock
Antilocapra americana

Gabelböcke sind in den Prärien Nordamerikas beheimatet, wo sie in großen Gruppen leben. Der obere Teil ihrer Hörner, die Hornscheide, wird jedes Jahr abgeworfen. Darunter hat sich dann bereits eine neue Hornscheide entwickelt. Gabelböcke sind sehr schnelle Tiere und können eine Geschwindigkeit von 80 Stundenkilometern erreichen.

Körperlänge: 100–130 cm
Schwanz: 17–20 cm
Gewicht: 38–41 kg
Paarhufer

Nandu
Rhea americana

Der Nandu ist ein großer Laufvogel, der in den südamerikanischen Grassteppen, den Pampas, beheimatet ist. Er lebt meist in kleinen Gruppen von einem Hahn und mehreren Hennen. Seine Nahrung besteht aus Gräsern, Kräutern und Insekten. Das männliche Tier baut das mit wenigen Pflanzen ausgelegte Nest. Die Henne legt 10–15 Eier, die der Hahn allein ausbrütet. Nach etwa 40 Tagen schlüpfen die Jungen, die ebenfalls vom männlichen Tier allein geführt werden.

Körperlänge: 170 cm
Gewicht: 25 kg
Laufvögel

Bison (Präriebison)
Bison bison

Bis zur Mitte des vergangenen Jahrhunderts bewohnten bis zu 70 Millionen dieser mächtigen Wildrinder die Prärien Nordamerikas. Sie bildeten die Lebensgrundlage der Indianer. Doch der „weiße Mann" rottete die von ihm „buffalo" genannten Tiere innerhalb von wenigen Jahrzehnten fast völlig aus. Heute ist es durch strenge Schutzmaßnahmen gelungen, ihren Bestand wieder auf rund 50000 Tiere zu erhöhen. Der Bison lebt in Gruppen, die sich zur Brunftzeit zu großen Herden vereinigen. Das weibliche Tier bringt jeweils nur 1 Junges zur Welt.

Körperlänge: männliches Tier 300 cm, weibliches Tier 210–240 cm
Schwanz: männliches Tier 43-48 cm, weibliches Tier 30–45 cm
Gewicht: bis zu 1000 kg
Paarhufer

Mähnenwolf
Chrysocyon brachyurus

Der Mähnenwolf ist eine Art Riesenfuchs mit ungewöhnlich langen Beinen. Das scheue und seltene Tier ist in Südamerika beheimatet. Es ernährt sich von Nagetieren und Vögeln der Savanne und der Pampas. Bei einem Wurf kommen 2–4 Junge zur Welt.

Körperlänge: 110 cm
Schwanz: 28–43 cm
Gewicht: 20–23 kg
Raubtiere

Präriewolf (Coyote)
Canis latrans

Der Coyote ist in Nord- und Mittelamerika verbreitet. Man trifft ihn von Alaska bis Guatemala. Sein ursprünglicher Lebensbereich waren die großen Prärien. Doch der Mensch nahm ihm viel von diesem Lebensraum, so daß der Präriewolf auch auf Wälder und Berge ausweichen mußte. Er ernährt sich vorwiegend von Kleintieren, frißt aber auch Tierkadaver.

Körperlänge: 105–130 cm
Schwanz: 30–40 cm
Gewicht: 15–20 kg
Raubtiere

Perl-Steißhuhn
Eudromia elegans

Ein Laufvogel, der nur schlecht fliegen kann und in Südamerika lebt. Wenn das Perl-Steißhuhn bedrängt wird, fliegt es blitzschnell auf oder verkriecht sich manchmal auch in Erdhöhlen.

Körperlänge: etwa 40 cm
Steißhühner

Chipmunk
Tamias striatus

Das in Nordamerika beheimatete Streifen-Backenhörnchen lebt vor allem in Laubwäldern und buschreichem Gelände. Backenhörnchen halten sich meist in ihren unterirdischen Höhlen auf und ernähren sich ausschließlich von Früchten und Samen.

Körperlänge: 13–15 cm
Schwanz: 8–11 cm
Gewicht: 50–75 g
Nagetiere

Saigaantilope
Saiga tatarica

Die Bewohner von Steppen und Halbwüsten mit einem Verbreitungsgebiet von den Karpaten in Osteuropa bis zum Altaigebirge in Asien leben in Herden, die im Winter größer sind als im Sommer, und ernähren sich von Gräsern und Flechten.

Körperlänge: 100–140 cm
Schwanz: 6–12 cm
Gewicht: 23–40 kg
Paarhufer

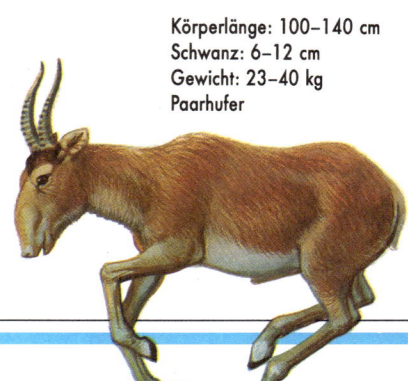

Großer Mara
Dolichotis patagonum

Der Pampashase lebt in den Pampas, den Grassteppen Argentiniens, wo er sich leichtfüßig fortbewegt. Das tagaktive Tier ernährt sich von Gräsern und Kräutern. Als Schlupfwinkel gräbt sich der Große Mara tiefe Erdhöhlen.

Körperlänge: 69–75 cm
Schwanz: 4,5 cm
Gewicht: 9–16 kg
Nagetiere

Halsband-Pekari
Tayassu tajacu

Diese Tiere leben in kleinen Rudeln und sind vom Norden der Vereinigten Staaten bis nach Argentinien verbreitet.

Körperlänge: 85–100 cm
Schwanz: 2–5,5 cm
Gewicht: 18–24 kg
Paarhufer

Eselhase
Lepus californicus

Der Eselhase hat sehr große Ohren und ist im Westen der Vereinigten Staaten beheimatet. Sein Lebensbereich sind Flächen mit spärlicher niedriger Vegetation. Meist ernährt sich der Eselhase von Gras und Kräutern, in Trockenzeiten frißt er aber auch Kakteen.

Körperlänge: 46–63 cm
Schwanz: 5–11 cm
Gewicht: bis zu 2,8 kg
Hasentiere

Silberdachs
Taxidea taxus

Der in Nordamerika beheimatete Fleischfresser legt einen unterirdischen Bau an.

Körperlänge: 42–72 cm
Schwanz: 10–16 cm
Gewicht: 4–10 kg
Raubtiere

Kanincheneule
Speotyto cunicularia

Das tag- und nachtaktive Tier bewohnt die nord- und südamerikanischen Steppen und brütet in Erdlöchern. Bei Gefahr ahmt die Eule durch Schnabelklappern das Geräusch der Klapperschlange nach.

Körperlänge:
etwa 23 cm
Eulen

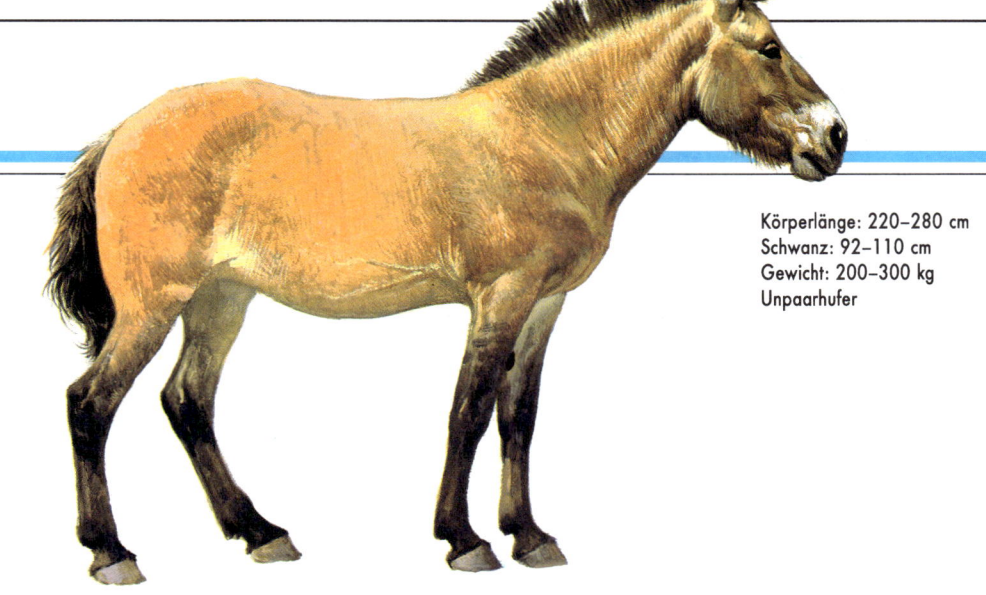

Körperlänge: 220–280 cm
Schwanz: 92–110 cm
Gewicht: 200–300 kg
Unpaarhufer

Przewalski- oder Urwildpferd
Equus przewalskii przewalskii

Das Urwildpferd ist nach dem Russen Nicolai Przewalski benannt, der es Mitte des 19. Jahrhunderts in den Steppen Innerasiens entdeckte. Von dieser Stammform unseres Hauspferdes gibt es wahrscheinlich keine wildlebenden Vertreter mehr. In Zoologischen Gärten sind jedoch weltweit noch ein paar Hundert Przewalskipferde anzutreffen. Das Fohlen kommt nach einer Tragzeit von 11 Monaten zur Welt. Es kann sofort nach der Geburt stehen.

Taschenratte
Geomys bursarius

Ein Nagetier, das praktisch sein ganzes Leben in einem unterirdischen Netz von Röhren und Kammern verbringt. Diese erreichen zum Teil eine beachtliche Tiefe. In den Gängen können die Taschenratten sehr schnell rückwärts laufen. Das nicht sehr gesellige Tier ernährt sich von Wurzeln, Knollen und Samen, die es in seinen großen Backentaschen in die unterirdischen Vorratskammern transportiert.

Körperlänge: 25 cm
Schwanz: 5–11 cm
Gewicht: 300–450 g
Nagetiere

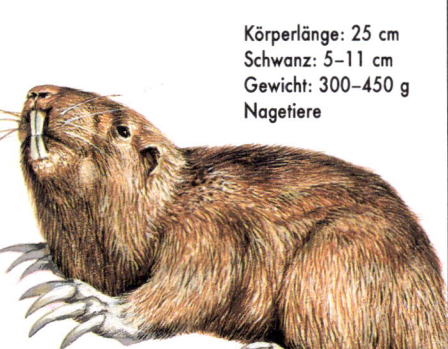

Körperlänge: 22–34 cm
kein Schwanz
Gewicht: 500–600 g
Nagetiere

Wildes Meerschweinchen
Cavia aperea

Es gibt rund 20 verschiedene Arten des Wilden Meerschweinchens. Unser zahmes Haus-Meerschweinchen stammt von dem in den südamerikanischen Bergen heimischen Tier ab. Der Pflanzenfresser legt seinen unterirdischen Bau in felsigem oder offenem Gelände an, nistet sich aber auch in den Höhlen anderer Nager ein. Bei einem Wurf kommen 1–4 Junge zur Welt, die bereits recht groß und gut entwickelt sind.

Zwerggrison
Lyncodon patagonicus

Über die Lebensgewohnheiten dieses in den argentinischen und südchilenischen Grassteppen beheimateten Tieres ist sehr wenig bekannt. Aber sein Gebiß und seine Ähnlichkeit mit anderen kleinen Raubtieren, etwa dem Wiesel oder dem Steinmarder, lassen darauf schließen, daß es sich auch um einen Räuber handelt. Vielleicht gehören kleine Nager und Vögel zu seiner Beute.

Körperlänge: 30–35 cm
Schwanz: 6–9 cm
Raubtiere

Afrikanische Savannen

Ein großer Teil des afrikanischen Kontinents besteht aus Savannen. Die weiten Graslandflächen werden da und dort von Baumgruppen oder einzelstehenden Akazien und Affenbrotbäumen unterbrochen. Das Gras ist teilweise so hoch, daß die Tiere in ihrem Lauf oder in ihrer Sicht behindert sind.

Wenn genügend Regen fällt, kommt es in der Savanne zu einem üppigen Pflanzenwuchs. Doch meist ist hier Wasser sehr rar. Tiere aller Art treffen an Flußufern und den wenigen anderen Wasserstellen zusammen, um ihren Durst zu löschen. Manchen wird dies jedoch zum Verhängnis, denn vielen Raubtieren bietet sich hier nicht nur die Gelegenheit zum Trinken, sondern sie können auch schnelle Beute machen.

Und die Raubtierfamilie ist in der Savanne zahlreich vertreten: vom Löwen und Leoparden bis zur Hyäne und zum Hyänenhund.

Die mächtigsten Bewohner der Savanne sind jedoch Pflanzenfresser. Das größte aller Landsäu-

Wenn in der Savanne die große Trockenheit beginnt, fliehen die Tiere in Massen. Das Gnu bringt in dieser Zeit normalerweise seine Jungen zur Welt. Kaum ist das kleine Gnu geboren, stellt es sich schon auf seine Beinchen. Innerhalb weniger Minuten ist es bereits in der Lage, seiner Mutter zu folgen. Das Überqueren von Wasserläufen kann sich für das Jungtier jedoch als recht gefährlich erweisen.

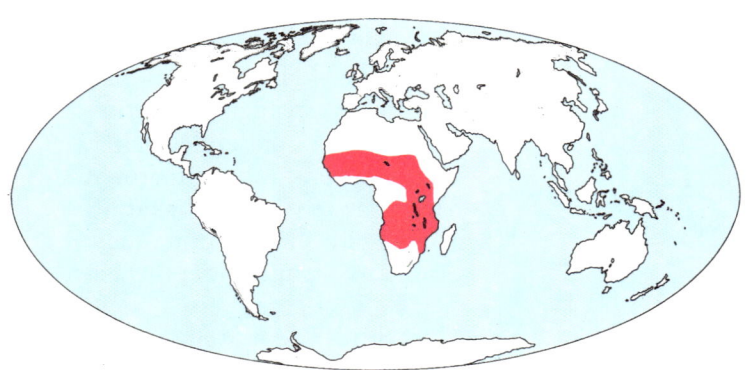

getiere, der riesige Afrikanische Elefant, lebt hier ebenso wie die beiden afrikanischen Arten des Nashorns. Neben diesen Dickhäutern begegnet man Zebras, Giraffen und Kaffernbüffeln. Letztere fühlen sich jedoch vor allem in wasserreicheren Gebieten mit dichter Vegetation wohl. Auch der Strauß ist in der Savanne zu Hause. Der größte aller Vögel kann nicht fliegen. Dank seiner kräftigen Beine ist der Strauß dafür aber ein ausgezeichneter Läufer.

In der Morgen- und Abenddämmerung finden sich die Tiere der Savanne zum Trinken an den Wasserstellen ein. Die Antilopen und Gazellen müssen hier ganz besonders vorsichtig sein. Denn hungrige Raubtiere, allen voran die Löwen, möchten hier leichte Beute machen.

Leierantilope

Wasserbock

Riedbock

Steinböckchen

Kudu

Gazelle

Rehantilope

Am zahlreichsten sind Antilopen und Gazellen in der Savanne vertreten. Sie kommen in einer reichen Artenvielfalt vor, angefangen bei der hasengroßen Zwergantilope bis hin zur etwa 900 kg schweren Elenantilope. Für das Leben in der

Einige Antilopenarten, etwa die Wasser- oder Riedböcke, verlassen den feuchtesten Teil der Savanne nur sehr ungern. Andere, darunter die Brillenböcke und die Gazellen, fühlen sich dagegen in den trockenen Gebieten am wohlsten.

Rappenantilope

Kuhantilope

Impala

Bleichböckchen (Oribi)

Savanne sind sie alle besonders gut ausgestattet. Den schnellen und ausdauernden Läufern gelingt es oft, ihren Verfolgern zu entkommen. Auch besitzen Antilopen und Gazellen einen vorzüglich ausgebildeten Geruchssinn, der sie schon bei dem geringsten Anzeichen einer drohenden Gefahr warnt.

Ausschlaggebend ist jedoch die Ernährungsweise. Als Pflanzenfresser finden sie in der Savanne die meiste Zeit des Jahres über genügend Nahrung. Aufgrund der glühenden Hitze und der ständigen Bedrohung durch hungrige Raubtiere können die Antilopen und Gazellen es sich jedoch nicht leisten, stundenlang genüßlich zu weiden. Gräser und Laub werden deshalb schnell abgezupft, schlecht und recht gekaut und dann rasch hinuntergeschluckt.

Doch das macht gar nichts. Da Antilopen und Gazellen sogenannte Wiederkäuer sind, besteht keine Gefahr, daß ihre Nahrung schlecht verdaut wird. Die eilig verschlungenen Gräser und Blätter gelangen nur vorübergehend in einen besonderen Teil des Magens. Wenn sich das Tier wieder sicher fühlt, kann es seine Mahlzeit noch einmal in Ruhe genießen: aus ihrem vorläufigen Aufbewahrungsort im Magen gelangt die Nahrung dann erneut ins Maul und wird jetzt sorgfältig gekaut. Erst danach nimmt der Speisebrei seinen normalen Gang durch die Verdauungswege dieser Savannenbewohner.

Körperlänge:
bis zu 235 cm
Schwanz:
bis zu 40 cm
Gewicht:
170–250 kg
Paarhufer

Wasserbock
Kobus ellipsiprymus

Das in den Tiefebenen südlich der Sahara beheimatete Tier ernährt sich von Sumpfpflanzen.

Fleckenhyäne
Crocuta crocuta

Die Hyäne lebt in Savannen und Baumsavannen in Rudeln von 80–100 Tieren, die Jagd auf Zebras und Antilopen machen und selten Aas fressen.

Körperlänge: 95–165 cm
Schwanz: 25–36 cm
Gewicht: 40–86 kg
Raubtiere

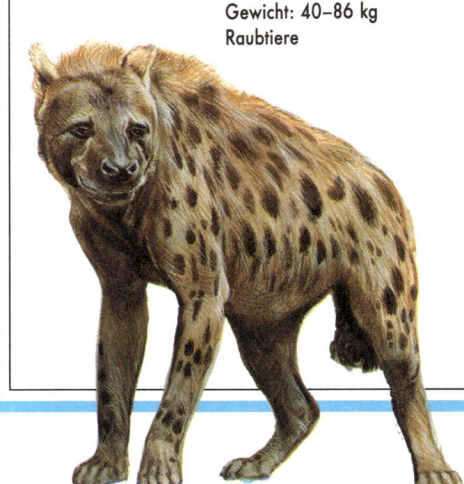

Körperlänge: 50–115 cm
Schwanz: 38–71 cm
Gewicht: 14–41 kg
Herrentiere

Pavian
Papio sp.

Paviane durchstreifen die Savannen und Steppen Afrikas. Sie leben in großen Horden mit genauer Rangordnung und schlafen auf Bäumen. Paviane ernähren sich von Kleintieren und Pflanzen.

Impala
(Schwarzfersenantilope)
Aepyceros melampus

Impalas sind Herdentiere und leben in der afrikanischen Savanne zwischen Zebras und Elefanten. Diese äußerst wendige und schnelle Antilope kann bis zu 10 m weit und 3 m hoch springen.

Körperlänge: 130–180 cm
Schwanz 23–40 cm
Gewicht: 40–90 kg
Paarhufer

Körperlänge: 450–580 cm
Schwanz: 90–110 cm
Gewicht: 500–750 kg
Paarhufer

Westafrikanische Giraffe
Giraffa camelopardalis

Die Wüste, hohe Berge und den Urwald ausgenommen, war die Giraffe früher in ganz Afrika beheimatet. Doch wie die meisten Großtiere gehört auch sie heute zu den bedrohten Arten. Die Giraffe hält sich überwiegend in der Savanne auf, wo sie mit Zebras, Straußen und Antilopen friedlich zusammenlebt. Sie ist ein reiner Pflanzenfresser. Dank ihres langen Halses erreicht sie auch die Blätter hochgewachsener Akazien oder anderer Savannenbäume. Weibchen und Jungtiere leben in Herden, die Männchen sind Einzelgänger. Bei einem Wurf kommt jeweils 1 Junges zur Welt.

Breitmaulnashorn
Ceratotherium simum

Das größte unter den Nashörnern ist ein reiner Pflanzenfresser. Der einzige natürliche Feind des Tieres, das in begrenzten Gebieten der afrikanischen Savanne und Baumsavanne lebt, ist der Mensch.

Körperlänge: 360–400 cm
Schwanz: 90–100 cm
Gewicht: 2300–3600 kg
Unpaarhufer

Löwe
Panthera leo

Diese prächtige Raubkatze kam vor 2000–3000 Jahren sogar in Griechenland vor und war in Afrika und im westlichen Teil Asiens weit verbreitet. Mit Ausnahme eines kleinen, streng geschützten Bestandes in Vorderindien ist der Löwe heute nur noch in Afrika anzutreffen. Löwen leben gesellig in Horden. Ihr Oberhaupt ist ein männlicher Löwe mit Kopf-, Hals- und Bauchmähne, der sich im allgemeinen von den Weibchen versorgen läßt. Diese sind mähnenlos und gehen meist in der Dämmerung auf die Jagd. Löwen schlagen vor allem Zebras und Gnus. Die Löwin bringt 1–6 Junge zur Welt.

Körperlänge: bis zu 190 cm
Schwanz: bis zu 105 cm
Gewicht: bis zu 250 kg
Raubtiere

Rappenantilope
Hippotragus niger

Diese Antilope ist in weiten Teilen Süd- und Ostafrikas verbreitet. Sie lebt in Rudeln und ernährt sich vor allem von Blättern. Das männliche Tier hat ein schwarzes Fell und einen weißen Bauch, das Weibchen ist braun gefärbt.

Körperlänge: 200–210 cm
Schwanz: 38–46 cm
Gewicht: 200–260 kg
Paarhufer

Warzenschwein
Phacochoerus aethiopicus

Die Pflanzenfresser leben in Familiengruppen vor allem in der Baumsavanne südlich der Sahara.

Körperlänge: 145–190 cm
Schwanz: 35–50 cm
Gewicht: 48–150 kg
Paarhufer

Hyänenhund
Lycaon pictus

Hyänenhunde leben südlich der Sahara in Gras- und Baumsavannen und jagen in Rudeln.

Körperlänge: 75–100 cm
Schwanz: 30–40 cm
Gewicht: 16–30 kg
Raubtiere

Gepard
Acinonyx jubatus

Der in Afrika und im Südwesten Asiens beheimatete Gepard gehört zu den bedrohten Tieren. Das schnellste Landsäugetier der Welt erreicht über kurze Strecken eine Geschwindigkeit von 115 Stundenkilometern. Er erbeutet Antilopen, Gazellen und Hasen.

Körperlänge: 110–150 cm
Schwanz: 60–90 cm
Gewicht: 35–60 kg
Raubtiere

Strauß
Struthio camelus

Der größte aller Vögel ist in der afrikanischen Steppe beheimatet und kann nicht fliegen. Das Weibchen legt bis zu 8 Eier, die vom Männchen ausgebrütet werden.

Körperlänge: 180 cm
Höhe: bis zu 300 cm
Gewicht: 135 kg
Laufvögel

Körperlänge:
220–240 cm
Schwanz:
etwa 50 cm
Gewicht:
300 kg
Unpaarhufer

Böhm-Zebra
Equus quagga boehmi

Das Böhm-Zebra ist in Ostafrika vom Sudan bis zum Sambesi-Fluß in Savannen und Baumsavannen anzutreffen. Zebras leben in großen Herden, oft zusammen mit Antilopen, Giraffen und Straußen, und ernähren sich von Gräsern, selten auch von Rinden und Blättern. Die schnellen Läufer erreichen eine Geschwindigkeit von 80 Stundenkilometern.

Körperlänge: 210–270 cm
Schwanz: 75–100 cm
Gewicht: 500–900 kg
Paarhufer

Kaffernbüffel
Syncerus caffer

Dieser mächtige Büffel lebt in Süd- und Ostafrika. Kaffernbüffel sind gesellig und leben meist in großen Herden. Die fast 1 Tonne schweren Tiere sind selbst für den Löwen nicht zu unterschätzende Gegner.

Elenantilope
Taurotragus oryx

Diese größte Antilopenart lebt in Herden südlich der Sahara. Zusammen mit Zebraherden begeben sie sich alljährlich auf große Wanderungen.

Körperlänge: 230–345 cm
Schwanz: 50–90 cm
Gewicht: 300–950 kg
Paarhufer

Streifengnu
Connochaetes taurinus

Das Gnu lebt im mittleren und südlichen Afrika in Gemeinschaften von 100–1000 Tieren, die in der Trockenzeit bis zu 200 000 Mitglieder haben können.

Körperlänge: 175–240 cm
Schwanz: 70–100 cm
Gewicht: 145–270 kg
Paarhufer

Giraffengazelle
Litocranius walleri

Die in kleinen Gruppen lebenden Giraffengazellen sind in den kühlsten Stunden des Tages aktiv und ernähren sich von den Blättern der Bäume. Häufig stellen sie sich zum Fressen auf die Hinterbeine.

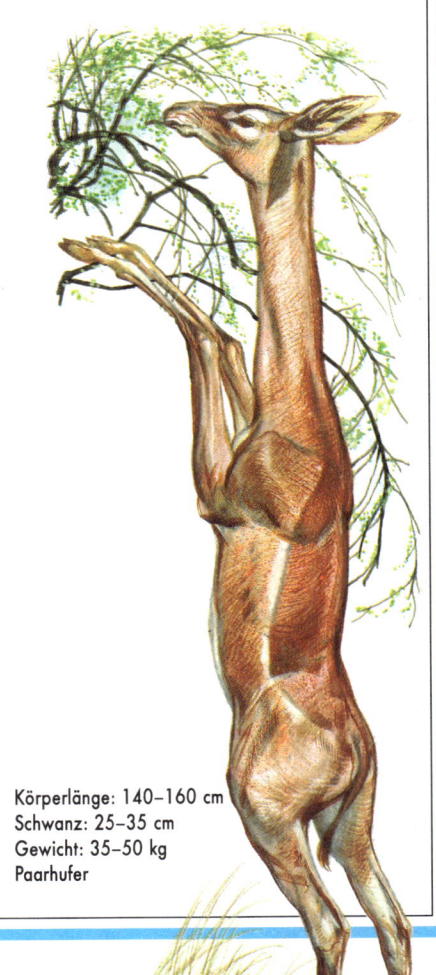

Körperlänge: 140–160 cm
Schwanz: 25–35 cm
Gewicht: 35–50 kg
Paarhufer

Großer Kudu
Tragelaphus strepsiceros

Diese Antilopenart ist in ganz Afrika südlich der Sahara verbreitet. Sie hält sich gern in bergigem und hügeligem Gebiet mit niedrigem Pflanzenwuchs auf. Das eindrucksvolle gewundene Gehörn kann über 1,5 m lang werden. Kudus leben meist in Großfamilien.

Körperlänge: 200–245 cm
Schwanz: 25–35 cm
Gewicht: 180–315 kg
Paarhufer

Dik-Dik
(Windspielantilope)
Madoqua sp.

Diese Zwergantilopen werden nur etwa hasengroß. Die männlichen Tiere haben ein sehr kleines Gehörn, das zudem von den Kopfhaaren verdeckt wird.

Körperlänge: 52–72 cm
Schwanz: 3,5–5,5 cm
Gewicht: 3–7 kg
Paarhufer

Der tropische Regenwald Äquatorialafrikas

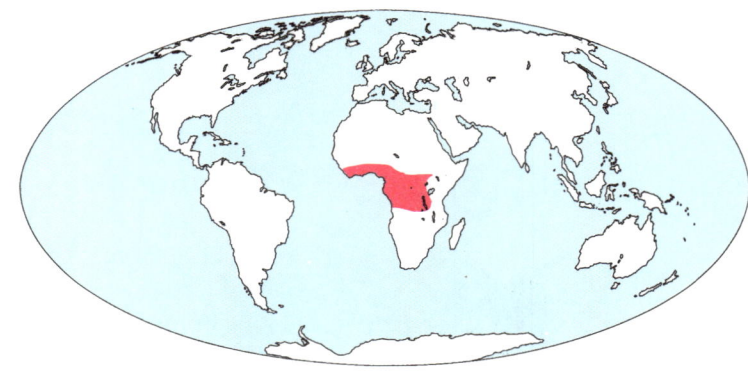

In den Gebieten, die sehr nah am Äquator liegen, gibt es so gut wie keine Jahreszeiten. Da aber genügend Regen fällt und die Temperaturen immer recht hoch liegen, findet man überall in diesen Bereichen üppige Regenwälder. Die Fauna weist in den verschiedenen Kontinenten jedoch Unterschiede auf. So sind in den afrikanischen Regenwäldern andere Tiere beheimatet als in den Urwäldern Südostasiens oder Mittel- und Südamerikas.

Mit Ausnahme der Affen gibt es in den afrikanischen Urwäldern nur wenige Baumbewohner unter den Säugetieren. Doch keiner der afrikanischen Vertreter dieser Tierart bewegt sich so gewandt zwischen den Ästen und Zweigen wie die asiatischen Gibbons oder die südamerikanischen Spinnenaffen. Auf den Bäumen sind natürlich zahllose Vögel anzutreffen, die oft vom Leoparden, einem hervorragenden Kletterer, gejagt werden. Auch verschiedene Schlangen haben dort ihr Zuhause.

Von den Bäumen hängen wenige Lianen herab, und Orchideen und ähnliche Pflanzen, die auf den bemoosten Ästen wachsen, sind im Vergleich zu anderen Urwäldern im Äquatorbereich seltener. Die größten afrikanischen Affen, der Schimpanse und vor allem der mächtige Gorilla, halten sich meist am Boden auf.

Dort, im Dickicht des Urwalds, wohin bisweilen auch der Elefant und das Nilpferd vordringen, sind neben vielen anderen Tieren das Okapi, das Riesenwaldschwein und verschiedene Antilopenarten zu Hause. Dazu gehört der schöne Bongo, dessen gestreiftes Fell dem des Tigers ähnelt und im Helldunkel des Unterholzes kaum wahrnehmbar ist.

Ein weiterer Urwaldbewohner ist das Chamäleon, das berühmt ist für sein Farbwechselvermögen. Dieses beruht auf Erregungszuständen, die Färbung kann nicht bewußt der Umgebung angeglichen werden. Im afrikanischen Urwald leben verschiedene Vertreter dieser Echsenfamilie, die hervorragend dem Leben zwischen Zweigen und Blättern angepaßt sind. Das Chamäleon bewegt sich überaus langsam, doch seinen Opfern gelingt

Die ausgewachsenen Gorillamännchen sind die größten und eindrucksvollsten Vertreter aller Affen. Sie sind die Oberhäupter ihrer Familiengruppen. Am Morgen verläßt der Häuptling immer als erster das Nest zwischen den Zweigen, wo die kleine Gorillagruppe die Nacht verbracht hat. Beim älteren Gorilla wird das schwarze Rückenhaar häufig silbergrau. Gorillas fressen am liebsten die Blätter des bodennahen Laubs des wilden Sellerie. Doch sie lassen sich auch Wurzeln und zarte, saftige Rinden schmecken.

es fast niemals, dem Zugriff der starken Beine oder der langen, hervorschnellenden Zunge zu entgehen.

Verglichen mit den Urwäldern anderer Kontinente, fällt in den afrikanischen Regenwald weniger Sonnenlicht ein, und er wird nicht von so vielen verschiedenen Stimmen und Lauten belebt. Auch die Schmetterlinge treten nicht so artenreich auf, und farbenprächtige Vögel sind seltener als beispielsweise in Südamerika. Es fehlen in Afrika die Stimmen der Aras und das Kreischen der Brüllaffen. Nachts werden die Geräusche jedoch zahlreicher: zu den Rufen der vielen Nachtvögel gesellen sich dann die gespenstischen Töne der Baumeidechsen.

Man kann auch heute noch nicht behaupten, daß der afrikanische Urwald bereits vollkommen erforscht ist. Ein so großes Tier wie das Okapi wurde erst um 1900 entdeckt, von der Existenz des afrikanischen Riesenwaldschweins in den Ituri-Urwäldern erfuhr man noch später, und ein so auffälliger Vogel wie der Kongopfau mußte schließlich bis 1936 auf seine Entdeckung warten.

Viele Säugetiere des tropischen Regenwalds in Äquatorialafrika, wie der Bongo und der kleine Zebraducker, haben ein gestreiftes Fell. Dadurch sind sie im Halbschatten zwischen den Bäumen ausgezeichnet getarnt. Dieselbe Streifenzeichnung erscheint auch auf dem Hinterteil des Okapis, einem Pflanzenfresser, der fast die Größe eines Pferdes erreicht und zur Familie der Giraffen gehört. Das Okapi und der Kongopfau wurden erst in unserem Jahrhundert in den Ituri-Urwäldern entdeckt.

Kongopfau

Okapi

Mit seiner langen Zunge kann das Okapi nach Zweigen und Blättern greifen und auch Körperpflege betreiben.

Zebraducker

Blauducker

Schirrantilope

Bongo

Wie sich der Bongo im dichten Urwald fortbewegt.

Kongopfau
Afropavo congensis
Der in den Urwäldern von Zaire beheimatete Kongopfau wurde erst 1936 entdeckt. Er brütet in Astgabeln oder in hohlen Baumstämmen.

Körperlänge: 70 cm
Hühnervögel

Körperlänge:
170–250 cm
Schwanz: 45–65 cm
Gewicht: bis zu 220 kg
Paarhufer

Graupapagei
Psittacus erithacus
Graupapageien sind in Zentralafrika von der Baumsavanne bis zu den Mangrovewäldern an den Küsten anzutreffen. Sie leben in großen Gruppen hoch oben in den Baumkronen und ernähren sich von Samen und Früchten.

Körperlänge:
33 cm
Papageien

Bongo
Taurotragus euryceros
Bongos gehören zu den größten Antilopen. Sie leben einzeln oder in kleinen Gruppen in Zentralafrika. Gerne halten sie sich in der Nähe von Wasserläufen auf. Die scheuen Tiere ernähren sich vor allem vom Laub der Bäume.

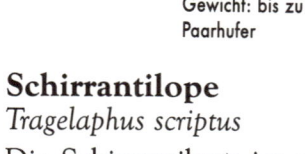

Gorilla
Gorilla gorilla
Den größten Vertreter der Menschenaffen trifft man in Äquatorialafrika in Bergwäldern bis auf 3500 m Höhe an. Der Pflanzenfresser lebt in kleinen, von einem alten Männchen geführten Gruppen.

Körperlänge: bis über 200 cm
kein Schwanz
Gewicht: bis zu 275 kg
Herrentiere

Ducker (Schopfducker)
Cephalophus niger
Von diesen kleinen Antilopen kennt man neben dem abgebildeten Schwarzducker noch weitere 13 Arten. Die nachtaktiven Tiere leben im Unterholz von Wäldern und Buschsavannen. Sie führen ein Einzelgängerdasein und ernähren sich von Pflanzen, gelegentlich auch von Vögeln.

Körperlänge: 65 cm
Schwanz: 10 cm
Gewicht: etwa 20 kg
Paarhufer

Körperlänge: 90–145 cm
Schwanz: 30–40 cm
Gewicht: bis zu 80 kg
Paarhufer

Schirrantilope
Tragelaphus scriptus
Die Schirrantilope ist südlich der Sahara in Urwäldern und Galeriewäldern möglichst in Wassernähe anzutreffen. Sie ernährt sich vor allem von Blättern und Trieben.

Schimpanse
Pan troglodytes

Schimpansen sind vor allem im tropischen Regenwald anzutreffen. Ihr Leben spielt sich vorwiegend am Boden ab, obwohl sie gut klettern können. Sie ernähren sich von Pflanzen und Fleisch.

Körperlänge: bis zu 160 cm
kein Schwanz
Gewicht: 80 kg
Herrentiere

Afrikanischer Elefant
Loxodonta africana

Der Afrikanische Elefant ist das größte heute lebende Landsäugetier. Er ist viel mächtiger als sein indischer Verwandter und hat auch weitaus größere Ohren und längere Stoßzähne. In Afrika lebt er sowohl im Urwald als auch auf der Steppe. Doch sucht er stets die Nähe von Wasser, da er gerne badet. Mit seinem langen Rüssel greift er nach Zweigen und Blättern, die einen wesentlichen Teil seiner Nahrung ausmachen.

Körperlänge: 600–750 cm
Schwanz: 100–130 cm
Gewicht: 900–6000 kg
Rüsseltiere

Leopard
Panthera pardus

Leoparden leben in den tropischen Wäldern Afrikas und Südasiens. Besonders in Asien treten öfters Schwärzlinge auf, die sogenannten Schwarzen Panther. Die gewandten und listigen Raubkatzen jagen vor allem nachts. Sie können gut klettern und springen dann von den Bäumen auf ihre Beutetiere, etwa Antilopen oder Hirsche.

Körperlänge: 90–150 cm
Schwanz: 60–110 cm
Gewicht: 28–90 kg
Raubtiere

Körperlänge: 40 cm
Schwanz: 50 cm
Gewicht: 1,8–2,4 kg
Schuppentiere

Schuppentier
Manis tricuspis

Das Schuppentier ist in Westafrika beheimatet und lebt auf Bäumen. Es hat einen langen Schwanz, mit dessen Hilfe es sich zwischen den Ästen fortbewegen kann. Das Schuppentier fängt mit seiner langen, klebrigen Zunge Ameisen und Termiten.

Okapi
Okapia johnstoni

Das Okapi wurde erst um 1900 entdeckt. Das scheue Tier ist ein enger Verwandter der Giraffe und lebt in den dichten Urwäldern Zaires im Herzen von Afrika. Der Einzelgänger ernährt sich von Blättern und Zweigen.

Körperlänge: 200–215 cm
Schwanz: 30–42 cm
Gewicht: 210–250 kg
Paarhufer

Der tropische Regenwald Asiens

Äquatoriale Regenwälder waren die natürliche Vegetation weiter Teile Südostasiens, des indischen Subkontinents und der Inselgruppen der Philippinen und Indonesiens. Durch den Eingriff des Menschen aber, der in diesen stark bevölkerten Gebieten immer mehr Platz beanspruchte, sind die Regenwälder heute mancherorts fast völlig verschwunden.

Was jedoch von den ursprünglichen südostasiatischen Urwäldern noch übriggeblieben ist, zeigt uns eine überaus reichhaltige Pflanzen- und Tierwelt – vielleicht die schönste und vielfältigste unserer Erde.

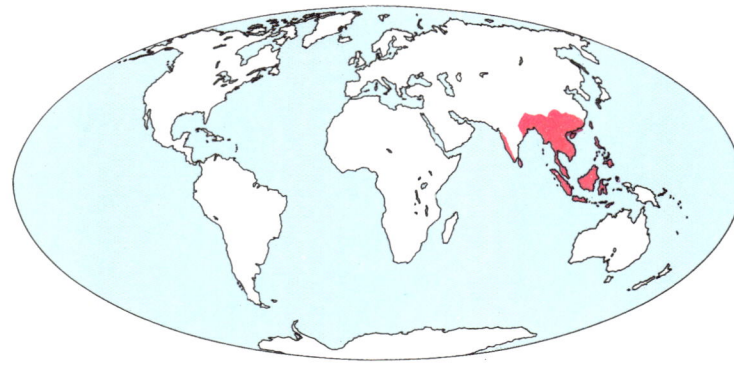

Der Tiger kann sich an die unterschiedlichsten Umgebungen und klimatischen Bedingungen anpassen. Sein Lebensbereich erstreckt sich von der kalten sibirischen Taiga bis zum dichten, feuchtheißen Urwald Südostasiens. Er reißt die verschiedensten Beutetiere, vom Wildschwein bis zur Nilgauantilope. Die Jagdtechnik des Tigers ändert sich natürlich je nach Art des Opfers. Oft bringt er es jedoch mit einem gezielten Biß in den Nacken zur Strecke.

Marderbär (Binturong)

Streifenroller

Waldspitzmaus

In den südostasiatischen Urwäldern werden viele Raubtiere erst in den Abend- und Nachtstunden aktiv. Das Jagdgebiet der gewandten Kletterer befindet sich hoch oben auf den Bäumen. Auf der rechten Abbildung erkennen wir den Binturong mit seinem dunklen Fell, den gefleckten Linsang und den Streifenroller.

Auffällig ist die Artenvielfalt der zahllosen Baumbewohner, darunter auch viele Säugetiere und Reptilien. Dazu gehört der Orang-Utan, einer der großen Menschenaffen. Wie bei vielen anderen Affenarten, etwa den Gibbons mit ihren überlangen Gliedmaßen, spielt sich sein Leben zum größten Teil über dem Boden auf den Bäumen ab.

Besonders interessant und wohl einzigartig ist die Gruppe der „fliegenden" Tiere, etwa die verschiedenen Flughörnchen. Diese kleinen Säugetiere sind mit Spannhäuten zwischen den Gliedmaßen ausgestattet, so daß sie in einer Art Gleitflug durch die Luft segeln können. Noch erstaunli-

Tiger

Wildschwein

Nilgauantilope

Linsang

Mondfalter

Orchidee

Weberameisen

Stachelspinne

Vogelfalter

Zwischen den Blumen lauert eine
gut getarnte Fangheuschrecke.

cher erscheinen vielleicht Flugdrache, Faltengecko und Schmuckbaumschlange: Die drei Reptilien sind ebenfalls in der Lage, sich flugähnlich fortzubewegen. Und schließlich gibt es noch den kleinen Flugfrosch. Wie sein Name schon andeutet, kann auch er durch die Luft gleiten.

Die großen Urwaldbäume wachsen sehr oft auf einem feuchten, sumpfigen Untergrund. Dort fühlen sich Tiere wie der Schabrackentapir oder der Hirscheber wohl.

Wenn der Urwald bis an die Meeresküsten reicht, wird sein Erscheinungsbild von Mangroven geprägt. In einer solchen Umgebung verwischen sich viele Grenzen, und ein kleines Krokodil ernährt sich hier manchmal von demselben Fisch oder Krustentier wie der Javaneraffe, die Fischkatze oder irgendeine Schlange.

Besonders interessant ist die Tierwelt auf den Großen Sunda-Inseln, zu denen Sumatra, Java,

In den asiatischen Regenwäldern gibt es viele große Schmetterlinge. Der Vogelfalter ist am Tag zu bewundern, der Mondfalter wird erst nachts aktiv. Unter den zahlreichen Ameisenarten sind die Weberameisen besonders interessant. Ihre Nester bestehen aus Blattstückchen, die von Fäden zusammengehalten werden. Das Spinnen dieser Fäden ist Aufgabe der Ameisenlarven.

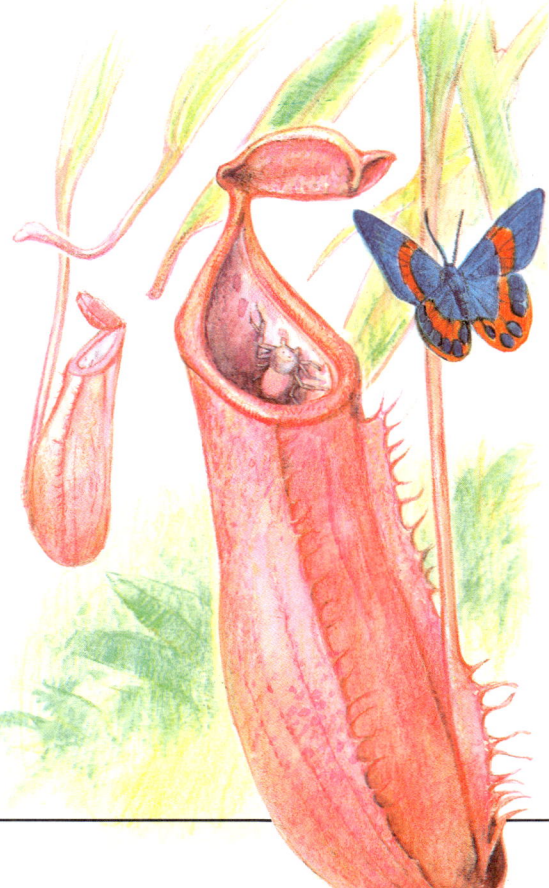

Die Blätter der fleischfressenden Kannenpflanze sind gefäßähnlich ausgebildet und mit einer Art Deckel versehen. Sie dienen als Insektenfallen und enthalten eine Flüssigkeit. Darin werden die gefangenen Kleintiere verdaut und dann von der Pflanze über das Gewebe aufgenommen. Der Aufenthalt an den Kannen dieser Pflanze ist gefährlich. Dennoch haben sich einige Spinnen diesen Ort ausgewählt, um dort winzigen Insekten aufzulauern.

Borneo, Celebes und andere kleinere Inseln gehören. Viele der dort heimischen Arten ähneln Urzeittieren, die heute längst ausgestorben sind, etwa das zottelig behaarte Sumatra-Nashorn oder der Hirscheber.

Je weiter man auf den indonesischen Inseln nach Osten vordringt, um so größer werden in der Tierwelt die Unterschiede gegenüber dem südostasiatischen Festland. Und es dauert dann auch nicht mehr lange, bis die Begegnung mit dem ersten Beuteltier die Nähe Australiens ankündigt. Aus zoologischer Sicht verläuft die herkömmliche Grenze zwischen Asien und Ozeanien auf einer gedachten Linie zwischen den Inseln Bali und Lombok. Der berühmte englische Zoologe und Reisende Alfred Russell Wallace legte sie im vergangenen Jahrhundert fest. Nach ihm wird sie „Wallacesche Linie" genannt. Wallace verbrachte einige Jahre in der südostasiatischen Inselwelt und befaßte sich eingehend mit der dortigen Tierwelt. Dabei stellte er eine Lehre auf, die in jenen Jahren auch ein anderer großer Naturforscher, Charles Darwin, in ähnlicher Weise vertrat: In einer Umgebung, die sich ständig verändert und immer neue Anforderungen an die Tierwelt stellt, muß sich auch diese ständig verändern und anpassen.

Indischer Elefant
Elephas maximus

Die Heimat des Indischen Elefanten ist Südostasien. Er ist etwas kleiner als sein afrikanischer Vetter, und auch seine Ohren und Stoßzähne sind weniger ausgeprägt. Nach einer Tragzeit von bis zu 22 Monaten bringt das weibliche Tier jeweils nur 1 Junges zur Welt, das mehrere Jahre bei der Mutter bleibt. Indische Elefanten werden vom Menschen schon seit langem zur Arbeit abgerichtet.

Körperlänge: 550–640 cm
Schwanz: 120–150 cm
Gewicht: bis zu 5000 kg
Rüsseltiere

Schwarzer Panther
Panthera pardus

Der Schwarze Panther ist eine Farbvariante des Leoparden. Man sagt ihm besondere Gefährlichkeit nach. Vor allem auf den Sunda-Inseln ist er noch recht häufig anzutreffen.

Körperlänge: 90–150 cm
Schwanz: 60–110 cm
Gewicht: bis zu 80 kg
Raubtiere

Körperlänge: 45–60 cm
kein Schwanz
Gewicht: 4–7 kg
Herrentiere

Lippenbär
Melursus ursinus

Der träge Lippenbär lebt in den Wäldern Südostindiens und auf der Insel Ceylon. Er geht nachts auf Nahrungssuche und ernährt sich vorwiegend von Ameisen und Termiten. Mit seinen langen Krallen kratzt er die harten Termitenbauten auf. Aber auch Blumen, Honig und Zuckerrohrtriebe schmecken ihm.

Körperlänge: 140–180 cm
Schwanz: 10–12 cm
Gewicht: 55–135 kg
Raubtiere

Lar
Hylobates lar

Der Weißhandgibbon hat oberseits weiße Hände und Füße. Diese Baumaffen sind in den Urwäldern Südostasiens beheimatet und durch ihre langen Gliedmaßen für das Klettern sehr gut ausgerüstet. Sie ernähren sich vor allem von Blättern und Früchten, aber auch von Eiern, kleinen Vögeln und Insekten.

Indischer Mungo
Herpestes edwardsi

Mungos sind kleine, außerordentlich gewandte Raubtiere, die über Vorder- und Südasien verbreitet sind und schon im Altertum wegen ihrer Kämpfe mit Giftschlangen berühmt waren. Der Mensch hat den leicht zähmbaren Mungo als Haustier auf der Malaiischen Halbinsel und auf verschiedenen Antilleninseln angesiedelt, weil der Mungo ein ausgezeichneter Schlangen- und Rattenvertilger ist. Das tagaktive Tier zieht sich in der Nacht in Höhlen zurück.

Körperlänge: bis zu 50 cm
Schwanz: 38–41 cm
Raubtiere

Kleiner Alexandersittich
Psittacula krameri

Körperlänge: 41 cm
Papageien

Der Kleine Alexandersittich ist in Südasien, aber auch in Zentral- und Nordostafrika verbreitet. Eine sehr anpassungsfähige Art, die vom Menschen in verschiedene tropische Gegenden gebracht wurde. Alexandersittiche leben im Urwald, aber auch in der Nähe des Menschen. Sie ernähren sich von Früchten, Samen, Blüten und Nektar.

Tiger
Panthera tigris

Körperlänge: 140–280 cm
Schwanz: 60–95 cm
Gewicht: 65–300 kg
Raubtiere

Der Tiger ist die größte Raubkatze. Es gibt ihn in zahlreichen Arten und Größen, darunter den beeindruckenden Ostsibirischen Tiger, der mächtiger ist als der stärkste Löwe. Tiger leben in den verschiedensten Umgebungen, vom kalten Sibirien bis zu den feuchtheißen südostasiatischen Urwäldern. Das gestreifte Fell bietet im Zwielicht des Unterholzes eine gute Tarnung. Tiger sind Einzelgänger und finden nur zur Paarung für kurze Zeit zusammen. Die gefährlichen Raubtiere schrecken auch vor den größten Säugetieren nicht zurück. Hirsche, Wildschweine, Bären und sogar junge Elefanten fallen ihnen zum Opfer.

Sumatra-Nashorn
Dicerorhinus sumatrensis

Dieses überaus seltene Nashorn kommt nur noch auf Sumatra, Borneo und in Malaya vor. Der Lebensraum des dicht behaarten Tieres ist der Urwald. Dort hält es sich gerne in der Nähe von Wasserläufen und auf großen Lichtungen auf. Der Einzelgänger ernährt sich vorwiegend von Baumtrieben.

Körperlänge: 235–280 cm
Schwanz: etwa 70 cm
Gewicht: 1000–1500 kg
Unpaarhufer

Netzpython (Gitterschlange)
Python reticulatus

Die Netzpython ist eine der größten Riesenschlangen überhaupt. Sie lebt in Südostasien, Indonesien, in den Urwäldern, an Flußufern und in Sümpfen. Ihr Unterschlupf befindet sich zwischen Felsen oder in hohlen Bäumen. Sie kann gut klettern und ist eine geschickte Schwimmerin. Tag und Nacht geht sie auf die Jagd nach Affen, Nagetieren und Wildhühnern. Pythons sind ungiftig und erdrücken ihre Opfer.

Körperlänge: 600–900 cm
Schuppenkriechtiere

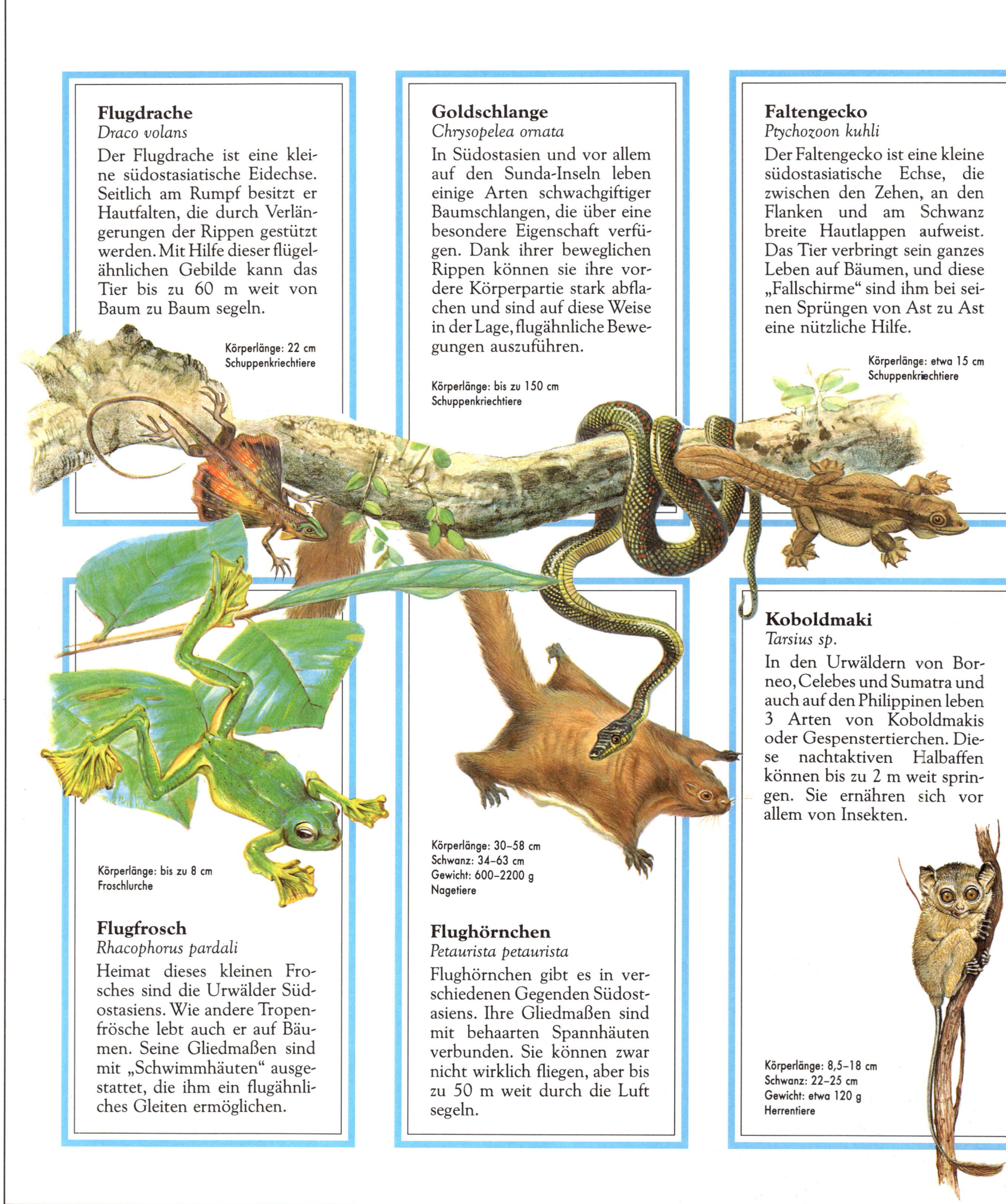

Flugdrache
Draco volans

Der Flugdrache ist eine kleine südostasiatische Eidechse. Seitlich am Rumpf besitzt er Hautfalten, die durch Verlängerungen der Rippen gestützt werden. Mit Hilfe dieser flügelähnlichen Gebilde kann das Tier bis zu 60 m weit von Baum zu Baum segeln.

Körperlänge: 22 cm
Schuppenkriechtiere

Goldschlange
Chrysopelea ornata

In Südostasien und vor allem auf den Sunda-Inseln leben einige Arten schwachgiftiger Baumschlangen, die über eine besondere Eigenschaft verfügen. Dank ihrer beweglichen Rippen können sie ihre vordere Körperpartie stark abflachen und sind auf diese Weise in der Lage, flugähnliche Bewegungen auszuführen.

Körperlänge: bis zu 150 cm
Schuppenkriechtiere

Faltengecko
Ptychozoon kuhli

Der Faltengecko ist eine kleine südostasiatische Echse, die zwischen den Zehen, an den Flanken und am Schwanz breite Hautlappen aufweist. Das Tier verbringt sein ganzes Leben auf Bäumen, und diese „Fallschirme" sind ihm bei seinen Sprüngen von Ast zu Ast eine nützliche Hilfe.

Körperlänge: etwa 15 cm
Schuppenkriechtiere

Körperlänge: bis zu 8 cm
Froschlurche

Flugfrosch
Rhacophorus pardali

Heimat dieses kleinen Frosches sind die Urwälder Südostasiens. Wie andere Tropenfrösche lebt auch er auf Bäumen. Seine Gliedmaßen sind mit „Schwimmhäuten" ausgestattet, die ihm ein flugähnliches Gleiten ermöglichen.

Körperlänge: 30–58 cm
Schwanz: 34–63 cm
Gewicht: 600–2200 g
Nagetiere

Flughörnchen
Petaurista petaurista

Flughörnchen gibt es in verschiedenen Gegenden Südostasiens. Ihre Gliedmaßen sind mit behaarten Spannhäuten verbunden. Sie können zwar nicht wirklich fliegen, aber bis zu 50 m weit durch die Luft segeln.

Koboldmaki
Tarsius sp.

In den Urwäldern von Borneo, Celebes und Sumatra und auch auf den Philippinen leben 3 Arten von Koboldmakis oder Gespenstertierchen. Diese nachtaktiven Halbaffen können bis zu 2 m weit springen. Sie ernähren sich vor allem von Insekten.

Körperlänge: 8,5–18 cm
Schwanz: 22–25 cm
Gewicht: etwa 120 g
Herrentiere

Flachkopfkatze
Ictailurus planiceps

Die Flachkopfkatze ist auf der Halbinsel von Malakka und auf Sumatra und Borneo beheimatet. Sie ernährt sich von Fischen und Fröschen, die sie nachts an Flußufern erbeutet.

Körperlänge: 44–55 cm
Schwanz: 13–17 cm
Raubtiere

Orang-Utan
Pongo pygmaeus

Der eindrucksvolle, schwanzlose Menschenaffe ist in den Urwäldern von Sumatra und Borneo beheimatet. Er ist der größte und schwerste Baumbewohner überhaupt, bewegt sich in seinem Lebensbereich jedoch mit einer unerwarteten Geschicklichkeit. Der Orang ist am Tag aktiv und bereitet sich für seine Nachtruhe ein einfaches Lager. Er ernährt sich vor allem von Pflanzen, aber auch von Eiern, Insekten und kleineren Wirbeltieren. Die erwachsenen Männchen sind meist Einzelgänger, Weibchen und Jungtiere leben oft in kleinen Gruppen. Es kommt jeweils nur 1 Junges zur Welt, das normalerweise 3–4 Jahre bei der Mutter bleibt. Orangs werden bis zu 30 Jahre alt. Leider sind auch sie von der Ausrottung bedroht.

Körperlänge: 125–180 cm
kein Schwanz
Gewicht: 35–100 kg
Herrentiere

Spitzhörnchen
Tupaia glis

Spitzhörnchen sind kleine Säugetiere, deren Heimat Südostasien ist. Diese Baumbewohner leben einzeln oder paarweise und werden vor allem nachts aktiv. Sie ernähren sich von kleinen Eidechsen, Beeren und insbesondere von Insekten, die sie mit ihrer langen Zunge fangen. Die Weibchen bringen normalerweise 2 Junge zur Welt.

Körperlänge: 14–23 cm
Schwanz: 13–25 cm
Gewicht: 50–180 g
Herrentiere

Javaneraffe
Macaca irus

Diese Affenart ist nicht nur auf der gleichnamigen Insel, sondern auch in ganz Südostasien und auf den anliegenden Inseln verbreitet. Der Javaneraffe hält sich gerne in Wassernähe auf. Der gute Taucher und Schwimmer ernährt sich von Krabben und Krebsen. Wie die meisten Makaken lebt er in Horden, die aus 6–100 Tieren bestehen können.

Körperlänge: 31–63 cm
Schwanz: 32–67 cm
Gewicht: 3–8 kg
Herrentiere

Körperlänge: 45–60 cm
Schwanz: 48–55 cm
Gewicht: 4–8 kg
Raubtiere

Marmorkatze
Pardofelis marmorata

Die Marmorkatze lebt in Südostasien, von Nepal bis zur Halbinsel Malakka sowie auf Sumatra und Borneo. Eine nachtaktive Urwaldbewohnerin, die gut klettern kann. Sie jagt vor allem Vögel, kleine Nagetiere und Ratten, aber auch Eidechsen und Frösche.

Komodo-Waran
Varanus komodoensis

Die erst 1912 entdeckten Komodo-Warane sind die größten lebenden Echsen. Sie leben nur auf einigen kleinen indonesischen Inseln, darunter Komodo, nach der sie benannt wurden. Die Räuber ernähren sich vor allem von größeren Säugetieren, etwa Wildschweinen und Affen, aber auch von Ratten und Eiern.

Körperlänge: bis zu 350 cm
Gewicht: bis zu 135 kg
Schuppenkriechtiere

Körperlänge: bis zu 140 cm
Schwanz: etwa 30 cm
Gewicht: 75–100 kg
Paarhufer

Hirscheber
Babyrussa babyrussa

Der auf Celebes beheimatete Pflanzenfresser hält sich gerne am Wasser auf und ist ein guter Schwimmer.

Körperlänge: bis zu 110 cm
Schwanz: 27–32 cm
Gewicht: bis zu 100 kg
Paarhufer

Axishirsch
Axis axis

Der Axishirsch ist in Vorderindien und auf Ceylon beheimatet. Er lebt in Herden von bis zu 200 Tieren, in denen jedoch keine genaue Rangordnung herrscht.

Indonesisches Panzernashorn
Rhinoceros unicornis

Nepal und die feuchten Tiefebenen Ostindiens sind der Lebensbereich dieses Nashorns. Es lebt als Einzelgänger oder in kleinen Gruppen und hält sich gerne im Wasser auf. Seine Nahrung besteht aus Kräutern und Rohrpflanzen. Nach einer Tragzeit von 15 Monaten bringt das weibliche Tier 1 Junges auf die Welt, das ohne Horn geboren wird. Die Mutter säugt es etwa 2 Jahre lang mit 20 Litern Milch am Tag.

Bengalkatze
Prionailurus bengalensis

Die kleine Katze ist in Südostasien beheimatet. Sie kommt vor allem in Zonen mit dichter Vegetation vor. Dort jagt sie auf dem Boden und auf Bäumen und ernährt sich dabei vor allem von Vögeln und kleinen Säugetieren.

Körperlänge: 45–60 cm
Schwanz: 23–29 cm
Gewicht: 3–8 kg
Raubtiere

Körperlänge: 420 cm
Schwanz: 75 cm
Gewicht: bis zu 2000 kg
Unpaarhufer

Körperlänge: 150–200 cm
Schuppenkriechtiere

Brillenschlange
Naja naja

Die große und sehr gefährliche Giftschlange kommt in Südasien häufig vor. Sie ist in den verschiedensten Gebieten und Landschaften anzutreffen. Doch hält sie sich immer in der Nähe von Wasser auf, gerne auch in Reisfeldern. Wenn sie sich bedroht fühlt, stellt die Schlange den Vorderkörper auf und spreizt die Halsrippen, so daß die typische brillenförmige Zeichnung sichtbar wird.

Nebelparder
Neofelis nebulosa

Der Nebelparder ist auf dem südostasiatischen Festland und den Inseln Sumatra und Borneo beheimatet. Die große Baumkatze lebt im dichten Urwald und bewegt sich eher selten am Boden. Tagsüber geht sie auf die Jagd nach Vögeln, Affen, Wildschweinen und sogar kleinen Büffeln. Bei einem Wurf kommen in der Regel 2 Junge zur Welt.

Körperlänge: 60–100 cm
Schwanz: 55–90 cm
Gewicht: 16–23 kg
Raubtiere

Körperlänge: 120 cm
Rackenvögel

Rhinozerosvogel
Buceros rinoceros

Dieser interessante Vogel ist in den südostasiatischen Urwäldern beheimatet. Das brütende Weibchen wird in einer Baumhöhle „eingemauert". Nur ein kleiner Spalt bleibt zur Versorgung frei. Erst wenn die Jungen mehrere Wochen alt sind, verläßt die Mutter mit ihnen diese Schutzhöhle.

Nasenaffe
Nasalis larvatus

Der Nasenaffe ist auf Borneo beheimatet. Er lebt dort im Urwald an Wasserläufen und in den Mangrovenwäldern an der Küste. Er gehört zu den wenigen Affenarten, die sich am und im Wasser ausgesprochen wohl fühlen. Seine Nahrung besteht vorwiegend aus Blättern, aber auch aus Blüten und Früchten. Der Nasenaffe ist überaus gesellig und lebt in Gruppen von bis zu 60 Tieren.

Körperlänge: 55–76 cm
Schwanz: 62–75 cm
Gewicht: 10–23 kg
Herrentiere

Fischkatze
Prionailurus viverrinus

Die Fischkatze ist in Südostasien beheimatet und von Pakistan bis Indochina, auf Ceylon, Sumatra und Java anzutreffen. Sie ernährt sich von Fischen und anderen Wassertieren.

Körperlänge: 72–85 cm
Schwanz: 25–29 cm
Gewicht: 7,7–15 kg
Raubtiere

Königsriesenhörnchen
Ratufa indica

Flink und gewandt wie alle Hörnchen, kann dieses in Südasien beheimatete Riesenhörnchen 5–6 m weit springen. Es ernährt sich von Früchten und Samen, läßt sich aber auch Insekten und Eier schmecken. Das Riesenhörnchen baut ein großes Nest und zieht dort seine 1–2 Jungen auf.

Körperlänge: bis zu 45 cm
Schwanz: bis zu 45 cm
Nagetiere

Asiatische Goldkatze
Profelis temmincki

Diese kleine Raubkatze lebt auf dem südostasiatischen Festland und der Insel Sumatra und sieht dem südamerikanischen Ozelot zum Verwechseln ähnlich. Man kann sie im Urwald antreffen, wo sie vorwiegend am Boden auf die Jagd geht. Zu ihren Beutetieren zählen kleine Hirsche, Nager und Vögel. Oft kommt sie auch zu den Siedlungen des Menschen, um dort ein Schaf oder eine Ziege zu reißen.

Körperlänge: 70–105 cm
Schwanz: 43–49 cm
Gewicht: 7–16 kg
Raubtiere

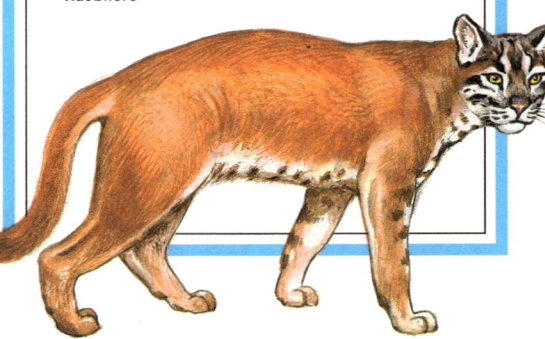

Malaiischer Palmenroller
Paradoxurus hermaphroditus

Die nachtaktive, kleine Schleichkatze ist in Südostasien recht verbreitet. Palmenroller wohnen vorwiegend auf Bäumen, unternehmen ihre Beutezüge aber auch am Boden. Sie ernähren sich von Vögeln und Nagetieren, aber auch von Eiern und Früchten. Roller heißen so, weil sie sich auf den Bäumen zum Schlafen einrollen.

Körperlänge: bis zu 55 cm
Schwanz: bis zu 51 cm
Gewicht: 2–5 kg
Raubtiere

Körperlänge mit Schwanzfedern: bis zu 240 cm
Hühnervögel

Indischer Pfau
Pavo cristatus

Der Pfau stammt aus Indien und von der Insel Ceylon. Dort lebt er im Wald und an Flußufern in größeren Gemeinschaften, die sich in der Paarungszeit auflösen. Dann gründet jedes Männchen mit 2–5 Weibchen eine eigene kleine Familiengruppe. Das Weibchen legt 4–8 Eier, die es allein ausbrütet. Aufgrund des prachtvollen Gefieders werden Pfauen schon seit dem Altertum vom Menschen als Ziervögel gehalten. Doch nur das Männchen hat diese herrlichen Schwanzfedern, die es zum Rad aufschlagen kann.

Vogelfalter
Trogonoptera brookiana

Dieser schöne Schmetterling kommt in Malaysia sowie auf Sumatra und Borneo vor. Leider ist der Vogelfalter bei den Schmetterlingssammlern so begehrt, daß man ihn mittlerweile fast ausgerottet hat.

Spannweite: 15 cm
Schmetterlinge

Flecken-Linsang
Prionodon pardicolor

Dieses kleine Raubtier ist in Malaysia, auf Sumatra, Java und Borneo beheimatet. Der nachtaktive Linsang hält sich meist auf Bäumen auf.

Körperlänge: 35–37 cm
Schwanz: 31–34 cm
Raubtiere

Anoa (Gemsbüffel)
Bubalus depressicornis

Der ungesellige und angriffslustige Anoa bewohnt den Urwald auf Celebes.

Körperlänge:
bis zu 170 cm
Schwanz: 26 cm
Gewicht: 150–300 kg
Paarhufer

Flugfuchs
Pteropus giganteus

Diese Großfledermäuse kommen von Madagaskar über Australien bis zu den Fidschi-Inseln vor. Sie leben in großen Kolonien, in denen eine genaue Rangordnung herrscht. Tagsüber ruhen sie in den Baumkronen, nachts gehen sie auf Nahrungssuche. In erster Linie stehen Früchte auf ihrem Speiseplan.

Körperlänge: bis zu 40 cm
kein Schwanz
Spannweite: bis zu 120 cm
Flattertiere

Schabrackentapir
Tapirus indicus

Die Heimat des Schabrackentapirs sind die tropischen Regenwälder Südostasiens. Dort lebt er als Einzelgänger oder paarweise. Er ist ein sehr guter Schwimmer und hält sich viel und gerne im Wasser auf.

Körperlänge: 220–240 cm
Schwanzansatz
Gewicht: 250–375 kg
Unpaarhufer

Körperlänge: 45–80 cm
Schwanz: 53–107 cm
Gewicht: 7–18 kg
Herrentiere

Langur (Blätteraffe)
Presbytis sp.

Languren sind Affen, die auf Malakka, Java, Sumatra und Borneo beheimatet sind. Die tagaktiven Baumbewohner leben im dichten Urwald und ernähren sich vor allem von Blättern und Samen.

Der tropische Regenwald Südamerikas

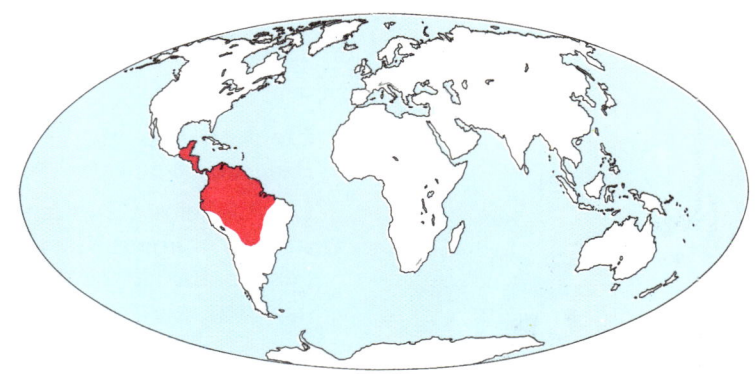

Der Tropische Regenwald Südamerikas, auch Selva genannt, ist in erster Linie die Heimat von Baumbewohnern. Dazu gehören eine prächtig bunte Vogelwelt, die verschiedensten Flattertiere und die schlanken Eidechsen, aber auch eine Vielfalt an Schlangen und Säugetieren. Sie alle erfüllen die mächtigen Urwaldriesen mit regem Leben.

Es gibt natürlich gute Gründe, das Leben hoch oben auf den Bäumen dem auf der Erde vorzuziehen. Der erste Grund liegt darin, daß das schwache Dämmerlicht, das bis zum Boden durchdringt, kein dichtes Pflanzenwachstum im Unterholz ermöglicht. Deshalb ist am Waldboden auch nur wenig Nahrung zu finden. Ein weiterer Grund sind die häufigen Überschwemmungen. Vor allem in der Nähe des riesigen Amazonasstromes und seiner wichtigsten Nebenflüsse stehen große Teile des Waldes mindestens die Hälfte des Jahres unter Wasser. Das schlammige Naß kann eine Höhe von

3–4 m erreichen und zwingt jedes Lebewesen, dem es nur möglich ist, weiter oben, in anderen Stockwerken des Urwalds Zuflucht zu suchen. Und schließlich kann man am Boden viel leichter gesehen oder entdeckt werden. Und das ist weder für den Jäger noch für das Opfer von Vorteil.

Die Schmetterlinge im tropischen Regenwald erreichen oft eine bemerkenswerte Größe und schillern in den herrlichsten Farben. Aber auch bei den Vögeln, etwa den Kolibris, Papageien, Tangaren und vielen anderen herrscht ein auffällig buntes Gefieder vor. Die Erklärung dafür ist nicht immer einfach, aber in manchen Fällen erfüllen die Farben eine Warnfunktion. So haben die Helico-

Schnurrvogel (Pipra)

Stirnvogel

Hoatzin

Im Urwald sind fast alle Schlangen Baumbewohner. Aufgrund ihrer starken Muskulatur und der von Schuppen überzogenen rauhen Haut können sie sich geschickt zwischen den Ästen und Zweigen fortbewegen, selbst wenn sie einen so massigen Körper haben wie die Boas. Noch gewandter bewegen sich schlanke Arten, etwa die Grüne Dünnschlange. Alle diese Tiere sind durch ihre Färbung getarnt. Dadurch können sie sich ihrer Beute nähern, ohne gesehen zu werden, oder unbeweglich auf der Lauer liegen, bis sich ein Beutetier nähert. Riesenschlangen wie Boa oder Anakonda haben keine Giftdrüsen. Ihre Waffe ist die Muskelkraft, mit deren Hilfe sie die Beute erwürgen.

Abgottschlange (Boa Constrictor)

Grüne Dünnschlange

Quetzal

Felsenhahn

Unter den zahllosen Vögeln der tropischen Regenwälder Südamerikas fallen manche wegen ihres prächtigen Gefieders besonders auf. Dazu gehören der Felsenhahn und vor allem der Quetzal, der Göttervogel der Azteken und Mayas. Seine herrlichen Schwanzfedern waren für sie genauso wertvoll wie kostbare Edelsteine. Die Stirnvögel, Sperlingsvögel mit unauffälligem Gefieder, bauen erstaunlich große, korbflaschenförmige Nester aus Lehm und kleinen Zweigen. Bemerkenswert sind auch die Schnurrvögel. Das Balzverhalten dieser kleinen Vögel läuft nach einem ganz besonderen Zeremoniell ab. Der seltsamste von allen uns bekannten hier lebenden Vögeln ist jedoch der Hoatzin. Mehr als jeder andere seiner Artgenossen erinnert er uns daran, daß die Vögel in Wirklichkeit enge Verwandte der Reptilien sind, jedoch anstatt der Vorderbeine Flügel besitzen. Und das beste Beispiel dafür liefern die Jungen des Hoatzins. Die noch nicht voll ausgebildeten Flügel sind mit Krallen ausgerüstet, die als Kletterhilfe dienen. Sobald die Jungvögel fliegen können, bilden sich diese Flügelkrallen zurück.

niidae-Falter schwarze samtige Flügel mit auffälligen roten und weißen oder roten und gelben Flecken. Die Raupen dieser in den südamerikanischen Urwäldern verbreiteten Schmetterlingsart ernähren sich normalerweise von den Blüten der Passionsblume. Diese Pflanze enthält Substanzen, die für viele Tiere giftig sind. Da der Heliconiidae-Falter nun während seiner Entwicklungszeit das Gift aufgenommen hat, ist er für andere Tiere ungenießbar. Um unangenehmen Nachstellungen möglicher Feinde vorzubeugen, weist er durch sein auffälliges Aussehen auf das Gift in seinem Körper hin.

Es sind jedoch nicht alle auffälligen Schmetterlinge giftig. Einige ahmen ihre gefährlichen Artgenossen nur perfekt nach, um sich durch die Ähnlichkeit zu schützen. Eine solche Verhaltensweise nennt man Mimikry.

Wie überall auf der Welt findet man auch in der Selva an den Flußufern eine besondere Artenvielfalt. Der Kaiman, das südamerikanische Krokodil, die Anakonda, die größte aller Riesenschlangen, oder das Wasserschwein, das größte Nagetier der Erde, sind hier ebenso anzutreffen wie die mächtigste südamerikanische Raubkatze: der Jaguar.

Harpyie
Harpia harpyja

Der kräftige Raubvogel ist von Mexiko bis Brasilien anzutreffen und lebt als Einzelgänger an den Rändern des Urwalds in der Nähe von Wasserläufen. Ihre Beute, etwa Affen und Faultiere, holt sich die Harpyie gerne aus den Wipfeln der Bäume.

Körperlänge: 90–102 cm
Spannweite: 250 cm
Greifvögel

Mauszwergbeutelratte
Marmosa murina

Die kleinen Beuteltiere mit dem mäuseähnlichen Aussehen sind auf dem amerikanischen Kontinent von Mexiko bis nach Patagonien verbreitet. Als Baumbewohner bewegen sie sich geschickt zwischen den Ästen und Zweigen. Der lange Greifschwanz leistet dabei eine wertvolle Hilfe. Sie sind praktisch Allesfresser, ernähren sich aber vorwiegend von Insekten und Früchten.

Körperlänge:
10–16 cm
Schwanz:
16–19 cm
Beuteltiere

Körperlänge: 60 cm
Schnabel: 22 cm
Spechtvögel

Riesentukan
Rhamphastos toco

Der Tukan oder Pfefferfresser lebt im südamerikanischen Urwald und ernährt sich von Früchten, aber auch von Eiern und Insekten. Auffällig ist der riesige Schnabel, der überraschenderweise aber federleicht ist.

Flachlandtapir
Tapirus terrestris

Der verbreitetste unter den südamerikanischen Tapiren ist von Kolumbien bis nach Paraguay und Brasilien anzutreffen. Sein bevorzugter Lebensraum ist der dichte und feuchte Amazonaswald.

Körperlänge: 180 cm
Schwanzansatz
Gewicht: bis zu 300 kg
Unpaarhufer

Morphofalter
Morpho sp.

Morphofalter fallen durch ihre herrlich schillernden Farben auf. Meistens sind sie blau, oft aber auch grün und violett gefärbt. Diese bemerkenswerten Schmetterlinge leben in den Urwäldern Mittel- und Südamerikas und fliegen oft sehr hoch über den Kronen der Urwaldriesen.

Spannweite: bis zu 25 cm
Schmetterlinge

Opossum
Didelphis marsupalis

Opossums sind die amerikanischen Vertreter einer Säugetiergruppe, die vor allem in Australien zu Hause ist: die Beuteltiere. Das Opossum ist in Süd-, Mittel- und Nordamerika verbreitet. Es führt ein einzelgängerisches und nachtaktives Leben. Das Weibchen bringt bis zu 25 winzig kleine Junge zur Welt, die im Beutel heranwachsen, bis sie größer sind und laufen können.

Körperlänge: 32–50 cm
Schwanz: 25–53 cm
Gewicht: 2–5,5 kg
Beuteltiere

Körperlänge:
50–60 cm
Schwanz: 7 cm
Gewicht: 4–5 kg
Zahnarme

Dreizehenfaultier (Ai)
Bradypus tridactylus

Dieses Tier verbringt sein ganzes Leben auf den Bäumen der mittel- und südamerikanischen Urwälder. Der träge Pflanzenfresser bewegt sich nur überaus langsam vorwärts. Sein Fell hat oft einen grünlichen Schimmer, da sich dort gerne Algen ansiedeln.

Jaguar
Panthera onca

Der Jaguar ist die größte Raubkatze Mittel- und Südamerikas. Er lebt in den tropischen Urwäldern und bevorzugt dabei die Nähe von Wasserläufen. Dort erbeutet er kleine Kaimane, Sumpfschildkröten und große Fische. Gerne lauert er aber auch Spießhirschen und Nabelschweinen (Pekaris) auf. Der Einzelgänger ist ein schneller Läufer und geschickter Schwimmer. Bei einem Wurf bringt das weibliche Tier meist 2 Junge zur Welt.

Körperlänge: 110–185 cm
Schwanz: 45–75 cm
Gewicht: 35–160 kg
Raubtiere

Großer Ameisenbär
Myrmecophaga tridactyla

Der Ameisenbär ist in Mittel- und Südamerika beheimatet. Mit seinen scharfen Krallen kann er auch den stärksten Termitenbau aufbrechen. Dann läßt der Ameisenbär seine bis zu 1 Meter lange, klebrige Zunge hervorschnellen, an der die Insekten haftenbleiben.

Körperlänge: 100–130 cm
Schwanz: 65–90 cm
Gewicht: 18–35 kg
Zahnarme

Riesengürteltier
Priodontes maximus

Das nachtaktive Riesengürteltier lebt im tropischen Regenwald Südamerikas. Trotz des schwerfälligen Aussehens ist es wendig und geschickt. Mit Hilfe seiner starken Klauen gräbt es sich eine Erdhöhle oder sucht nach Insekten, Würmern und kleinen Kriechtieren.

Körperlänge: 75–100 cm
Schwanz: 50 cm
Gewicht: 50 kg
Zahnarme

Schwarzer Klammeraffe
Ateles paniscus

Klammeraffen bewegen sich sehr geschickt im Dickicht des südamerikanischen Urwalds. Die langgestreckten Gliedmaßen und der sehr lange Greifschwanz leisten ihnen dabei wertvolle Dienste. Letzterer ist ganz allein in der Lage, das gesamte Körpergewicht des Tieres zu tragen. Spinnenaffen können bis zu 10 m weit springen. In kleinen Gruppen streifen sie durch den Dschungel, wobei sie jedoch festgelegten Wegen folgen. Sie ernähren sich fast ausschließlich von Früchten.

Körperlänge: 38–63 cm
Schwanz: 51–89 cm
Gewicht: um 10 kg
Herrentiere

Goldaguti
Dasyprocta aguti

Agutis sind kleine Nagetiere, die in Mittel- und Südamerika beheimatet sind. Sie bevorzugen Gebiete mit dichter Vegetation. Die Einzelgänger sind vor allem tagsüber aktiv und ernähren sich von Pflanzen.

Körperlänge: 41–62 cm
Schwanz: 1–3,5 cm
Gewicht: 2–4 kg
Nagetiere

Abgottschlange
Boa constrictor

Diese wohl bekannteste Riesenschlange ist von Mexiko bis Argentinien anzutreffen. Sie lebt am Boden, vor allem in dichten Bergwäldern. Dort sucht sie in hohlen Stämmen, zwischen Wurzeln oder in Felsspalten Unterschlupf. Wie alle Boas bringt auch die Constrictor ihre Jungen lebend zur Welt.

Körperlänge: 300–400 cm
Gewicht: bis zu 60 kg
Schuppenkriechtiere

Körperlänge: 8 cm
Kolibris

Rubinkehlkolibri
Archilochus colubris

Kolibris sind die kleinsten Vögel der Welt und in über 300 Arten vertreten. Ihre Heimat ist der amerikanische Kontinent. Dort leben sie vor allem in den tropischen und subtropischen Regionen Mittel- und Südamerikas. Sie können ausgezeichnet fliegen und sogar in der Luft stehenbleiben. Kolibris ähneln großen Schmetterlingen und ernähren sich wie diese hauptsächlich von Nektar. Mit ihrem langen Schnabel saugen sie ihn aus den Blüten. Der abgebildete Rubinhalskolibri gehört zu den bekanntesten Arten. Er ist von Mittelamerika und den Antillen bis nach Südkanada anzutreffen.

Wieselkatze (Jaguarundi)
Herpailurus yagouaroundi

Die mittelgroße Wildkatze kommt mit verschiedenen Farbkleidern vor. Sie lebt in Südamerika, vor allem am Rand von Urwäldern und Sumpfgebieten. Zu ihrer Beute gehören kleine Tiere aller Art, von Vögeln bis zu Fischen. Bisweilen kommt die Wieselkatze auch in die Nähe menschlicher Siedlungen.

Körperlänge: 55–75 cm
Schwanz: 30–65 cm
Gewicht: bis zu 3,9 kg
Raubtiere

Löwenäffchen
Leontopithecus rosalia

Die in den Urwäldern Brasiliens beheimateten, tagaktiven Baumbewohner leben in kleinen Gruppen. Die gefährdeten Tiere ernähren sich von Insekten, Blättern, Eiern und kleinen Wirbeltieren.

Körperlänge: 20–34 cm
Schwanz: 31–40 cm
Gewicht: 360–710 g
Herrentiere

Hellroter Ara
Ara macao

Dieser farbenprächtige Papagei ist von Mexiko über Bolivien bis Brasilien anzutreffen und ein typischer Bewohner des tropischen Urwalds. Der gesellige Vogel lebt paarweise oder in kleinen Gruppen. Er ist tagaktiv und ernährt sich vor allem von Samen und saftigen Früchten. Am Abend kehrt er zu seinem angestammten Ruheplatz zwischen den Zweigen eines Urwaldriesen zurück. Aras sind die größten aller Papageien und sehr friedliche Tiere; wenn sie jedoch gestört werden, beginnen sie laut zu kreischen. Wie die meisten Papageien kann auch der Hellrote Ara sehr zahm werden und sprechen lernen. Dennoch sollte man den schönen Vogel nicht in einen engen Käfig sperren, sondern lieber in seiner natürlichen Umgebung belassen.

Körperlänge: 80–90 cm
Papageien

Körperlänge: 60 cm
Hühnervögel

Hoatzin (Schopfhuhn)
Opisthocomus hoazin

Dieser südamerikanische Hühnervogel lebt in den Urwäldern von Kolumbien, Bolivien, Peru und Brasilien. Obwohl er sich meistens auf Bäumen aufhält, besteht seine Nahrung aus den Blättern und Früchten von Sumpfpflanzen. Die kurzen Flügel der Jungen sind mit 2 Krallen versehen. Diese dienen als Kletterhilfe und bilden sich später zurück. Aufgrund seines Kopfputzes wird der Hoatzin auch Schopfhuhn genannt.

Ozelot
Leopardus pardalis

Der fast ausgerottete Ozelot ist in den Urwäldern Mittel- und Südamerikas beheimatet und geht nachts auf die Jagd.

Körperlänge: 55–100 cm
Schwanz: 30–45 cm
Gewicht: bis zu 16 kg
Raubtiere

Körperlänge: 85–135 cm
Schwanz: 42–68 cm
Gewicht: 3–6 kg
Raubtiere

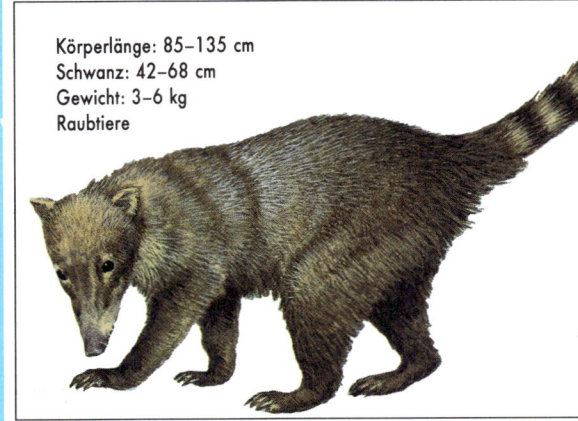

Weißrüsselbär
Nasua narica

Der nachtaktive Baumbewohner lebt in den Urwäldern Südamerikas in Gruppen von bis zu 20 Tieren. Er ernährt sich von Kleintieren, Früchten und Wurzeln.

Die australische Region

Vor rund 200 Millionen Jahren gab es auf der Erde nur eine große zusammenhängende Landmasse, den Urkontinent Pangaea. Durch die Bildung eines großen Binnenmeeres entstanden die Kontinente Laurasia im Norden und Gondwana im Süden. Vor 150 Millionen Jahren brach Gondwana auseinander, und es bildeten sich Afrika, Südamerika, die Antarktis und Australien. Über schmale Landbrücken standen Südamerika, Antarktis und Australien bis vor 50 Millionen Jahren in Verbindung, dann trennte sich Australien endgültig ab. Seit dieser Zeit verlief Australiens Geschichte unabhängig von allen übrigen Erdteilen.

Dies erklärt auch den einzigartigen Charakter seiner Tierwelt, insbesondere das Fehlen der uns vertrauten Säugetiergruppen. Außer dem Dingo, der vom Menschen mitgebracht wurde, sowie wenigen kleinen Nage- und Flattertieren, die sicher in jüngerer Zeit nach Australien kamen, gibt es dort nur zwei Gruppen von Säugetieren: die Kloakentiere mit den beiden Vertretern Schnabeltier und Schnabeligel und die weitaus artenreicheren Beuteltiere. Zu ihnen gehören alle anderen typischen Säugetiere Australiens und Neuguineas, vom Känguruh zum Koala, vom Beutelwolf zum Beutelmull, vom kompakten Wombat bis zum kaninchenähnlichen Nasenbeutler.

Viele dieser typischen australischen Tierarten sind auch auf dem benachbarten Neuguinea verbreitet. Neuguinea ist die zweitgrößte Insel der Erde und durch Torres-Straße und Arafurasee von Australien getrennt. Die Insel ist größtenteils vom tropischen Regenwald überzogen und die Heimat zahlreicher anderer Tiere, die sich in

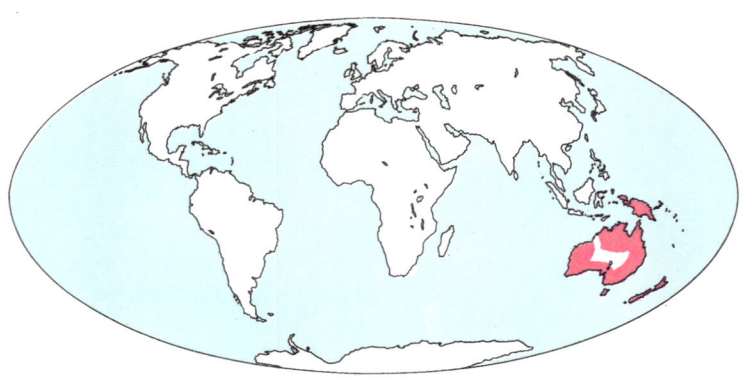

Prachtreifelvogel

Seidenbandparadiesvogel

Kragenhopf

Fadenhopf (Männchen und Weibchen)

Rechts: Känguruhs sind in den weiten Wüstensteppen Australiens beheimatet. Vor allem die kleineren und mittleren Arten werden Wallaby genannt. Zu dieser Gruppe gehören auch die Känguruhs auf unserer Abbildung.

Ringschwanz-Felskänguruh

Australien lediglich auf der Kap-York-Halbinsel im Norden finden. Das gesamte Landesinnere von Australien ist jedoch von sehr trockenen Wüstensteppen geprägt.

Zu den charakteristischen Tieren Neuguineas zählen beispielsweise die Kasuare, große Laufvö-

Blauer Paradiesvogel

Links: Der größte Teil der rund 40 Paradiesvogelarten lebt in den Wäldern Neuguineas. Das Gefieder der Weibchen ist viel unauffälliger als das prächtige Federkleid der Männchen.

gel, die sich auch im dichtesten Urwald mit beachtlicher Geschwindigkeit fortbewegen können. Bemerkenswert sind auch die mit den Elstern und Krähen verwandten Laubenvögel. Sie gehören sicherlich zu den geschicktesten Baumeistern in der gesamten Tierwelt.

Was die Vögel betrifft, so sind in Australien und Neuguinea viele einzigartige Familien anzutreffen, etwa der Leierschwanz mit seinen ungewöhnlichen Schwanzfedern oder das Thermometerhuhn, das ein merkwürdiges Brutgeschäft betreibt. Es brütet seine Eier nicht selbst aus, sondern legt sie in einem großen Laubhaufen ab. Die durch die Zersetzung des Laubes entstandene Wärme übernimmt dann die Aufgabe des brütenden Vogels.

Neuguinea ist auch die Heimat der Paradiesvögel und der größten und prächtigsten Tagfalter. Und schließlich gibt es in Neuguinea eine Vielzahl von Reptilien, darunter Baumschlangen und Eidechsen aller Art.

Nagelkänguruh

Zikade

Springspinne

Australischer Blattschwanzgecko

Bockkäfer

Rechts: Im australischen Busch überwiegen Eukalyptusbäume und Akazien. In ihren Stämmen entwickeln sich die Larven des Bockkäfers, einem auffälligen Käfer mit langen Fühlern; die Blätter werden von den Zikaden ausgesaugt. Auch kleine Räuber, etwa blattgrüne Springspinnen oder der Australische Blattschwanzgecko, der sich auf der Rinde tarnt, gehören zu den Bewohnern dieser Bäume.

Körperlänge:
60–105 cm
Schwanz:
2,5 cm
Beuteltiere

Körperlänge: 17–32 cm
Schwanz: 24–40 cm
Beuteltiere

Nacktnasenwombat
Vombatus ursinus

Der Nacktnasenwombat lebt in Südostaustralien und auf der benachbarten Insel Tasmanien vorwiegend in Laubwäldern. Dort legt er ein bis zu 30 m langes unterirdisches Röhrensystem an. Bisweilen läßt er sich auch am Tage sehen, um ein Sonnenbad zu genießen, doch auf Nahrungssuche geht der Pflanzenfresser nur in der Nacht.

Streifenkletterbeutler
Dactylopsia sp.

Von diesen Beuteltieren gibt es 2 Arten, die in den Urwäldern von Neuguinea und Queensland in Nordostaustralien beheimatet sind. Die geschickten Kletterer leben auf Bäumen, sind nachtaktiv und sondern einen penetranten Gestank ab, der sie vor den Nachstellungen vieler Raubtiere schützt.

Beutelteufel
Sarcophilus harrisi

Der Beutelteufel lebt nur noch auf der Insel Tasmanien und ist einer der größten Beutelmarder. Er jagt kleine und mittelgroße Känguruhs, aber auch Reptilien und Fische. Beutelteufel können recht zutraulich werden.

Körperlänge: etwa 50 cm
Schwanz: etwa 25 cm
Beuteltiere

Körperlänge: bis zu 80 cm
Papageien

Inkakakadu
Cacatua leadbeateri

Dieser Kakadu ist im Inneren Australiens in lichten Wäldern und an Flußufern anzutreffen. Er lebt in kleinen Gruppen und ernährt sich von Samen, Früchten und Wurzeln. Mehrmals am Tag begibt er sich an Wasserstellen zum Trinken.

Körperlänge: 38 cm
Papageien

Palmkakadu
Probosciger aterrimus

Die Heimat des großen Vogels ist Neuguinea und die Kap-York-Halbinsel im nördlichsten Teil Australiens. Der Einzelgänger ist im dichten Urwald und in der Baumsavanne anzutreffen und ernährt sich von Samen, Früchten und Knospen. Bemerkenswert sind sein auffälliger Kopfputz und der kräftige Schnabel.

Schnabeltier
Ornithorhynchus anatinus

Das Schnabeltier ist ein Säugetier und legt dennoch Eier. Wenn die Jungen schlüpfen, hacken sie die Eischale mit Zähnen auf, die sie später wieder verlieren. Schnabeltiere halten sich am liebsten im und am Wasser auf.

Körperlänge: 30–45 cm
Schwanz: 10–15 cm
Kloakentiere

Körperlänge: 33–50 cm
Nachtschwalben

Eulenschwalm
Podargus strigoides

Eulenschwalme sind Nachtschwalben, die in den Waldgebieten Australiens und Tasmaniens leben. Tagsüber sitzt dieser Vogel unbeweglich im Geäst und ist so gut getarnt, daß man ihn kaum von der Umgebung unterscheiden kann. Eulenschwalme ernähren sich von Insekten, Eidechsen, Mäusen und kleinen Vögeln.

Kiwi
Apteryx australis

Kiwis gehören zu den überaus bedrohten Tierarten. Die Laufvögel können nicht fliegen und führen in ihrer Heimat Neuseeland ein zurückgezogenes, nachtaktives Leben. Sie haben einen sehr gut ausgebildeten Geruchssinn und suchen mit ihrem langen, spitzen Schnabel nach Würmern, Schnecken und Insekten.

Körperlänge: 55–70 cm
Laufvögel

Körperlänge: 32–36 cm
Papageien

Gelbbauchsittich
Platycerus caledonicus

Dieser schöne Papageienvogel stammt aus Tasmanien. Dort ist er in verschiedenen Gegenden anzutreffen, fühlt sich jedoch vor allem in einer baumreichen Umgebung wohl. Besonders als jüngerer Vogel ist er ein recht lautes und geselliges Tier. Neben Samen und Früchten stehen auch Insekten und ihre Larven auf seinem Speiseplan. Er nistet am liebsten in alten hohlen Eukalyptusbäumen.

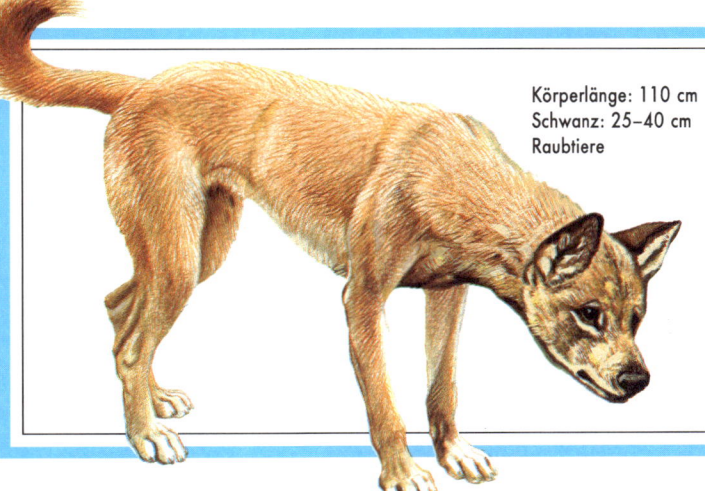

Körperlänge: 110 cm
Schwanz: 25–40 cm
Raubtiere

Dingo
Canis lupus familiaris dingo

Dingos sind verwilderte Haushunde und in ganz Australien anzutreffen. Ihre Vorfahren wurden vor vielleicht 8000–9000 Jahren vom Menschen mitgebracht. Diese Wildhunde sind nicht so gesellig wie der Wolf und leben meist als Einzelgänger oder paarweise. Sie ernähren sich von mittelgroßen Beuteltieren und Kaninchen, reißen aber auch Schafe. Das weibliche Tier bringt 4–5 Junge zur Welt, die es in einer unterirdischen Höhle in Wassernähe aufzieht.

Koala (Beutelbär)
Phascolarctos cinereus

Die Heimat dieses sehr bekannten Kletterbeutlers ist Südostaustralien. Aufgrund seines Aussehens wird er auch Beutelbär genannt. Der Koala verbringt fast das ganze Leben auf Eukalyptusbäumen, von deren Blättern er sich ausschließlich ernährt. Er benötigt davon rund 1 kg täglich. Das weibliche Tier bringt jeweils nur 1 Junges zur Welt, das 5–6 Monate lang im Beutel bleibt. Wenn es dafür zu groß ist, nimmt es die Mutter noch einige Zeit huckepack auf den Rücken.

Körperlänge: 60–82 cm
kein Schwanz
Gewicht: bis zu 16 kg
Beuteltiere

Kasuar (Helmkasuar)
Casuarius casuarius

Im äußersten Norden von Australien und auf Neuguinea bewohnt der Kasuar den dichten Urwald. Der Laufvogel hat sehr kräftige Beine, und seinen Kopf schützt ein fester Knochenhelm.

Körperlänge: bis zu 200 cm
Gewicht: bis zu 85 kg
Laufvögel

Tuatara (Brückenechse)
Sphaenodon punctatus

Die Tuatara gehört zu den ältesten heute noch lebenden Kriechtieren. Dieses wahrhaft urzeitliche Tier hat während der vergangenen 200 Millionen Jahre fast keine Veränderungen durchlaufen. Das äußerst seltene Tier ist nur noch auf rund 20 kleinen Inseln in der Nähe der neuseeländischen Küste anzutreffen und hält sich vorwiegend in einer Erdhöhle auf.

Großer Paradiesvogel
Paradisaea apoda

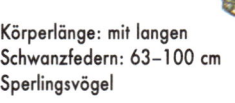

Im dichten Urwald Neuguineas leben einige der farbenprächtigsten Vögel, die es auf der Welt gibt: die Paradiesvögel. Ihre Stimme erinnert an das Krächzen der Raben, aber ihr prächtiges Gefieder ist einzigartig. Allerdings haben nur die Männchen ein so beeindruckendes Federkleid, das Gefieder der Weibchen ist weitaus bescheidener.

Körperlänge: mit langen
Schwanzfedern: 63–100 cm
Sperlingsvögel

Körperlänge: 65 cm
Gewicht: bis 1000 g
Schnabelköpfe

Körperlänge: männliches Tier 105–140 cm, weibliches Tier 85–120 cm
Schwanz: männliches Tier 95–100 cm, weibliches Tier etwa 75 cm
Gewicht: bis zu 70 kg
Beuteltiere

Graues Riesenkänguruh
Macropus giganteus

Das Graue Riesenkänguruh ist in Süd- und Ostaustralien sowie auf der Insel Tasmanien beheimatet. Es hält sich in lichten Wäldern wie im offenen Busch auf und kann bis zu 13 m weit und 3 m hoch springen. Zu diesem Zweck besitzt es lange, muskulöse Hinterläufe und einen kräftigen Schwanz. Sofort nach der Geburt kriecht das Junge in den Beutel der Mutter. Zu diesem Zeitpunkt wiegt es höchstens 1 g und ist kaum 2 cm groß. 1 Jahr lang wird das kleine Känguruh gesäugt, davon verbringt es die ersten 6–8 Monate im Beutel.

Quokka (Kurzschwanzkänguruh)
Setonix brachyurus

Dieses in Südwestaustralien beheimatete Kurzschwanzkänguruh hält sich vorwiegend in feuchten und sumpfigen Dickichten auf. Seinen Schwanz benutzt es nicht wie die größeren Känguruhs als Stütze, sondern schlägt ihn gerne nach vorne und setzt sich darauf.

Körperlänge: 47–60 cm
Schwanz: 25–35 cm
Beuteltiere

Körperlänge: 80–90 cm
Schuppenkriechtiere

Kragenechse
Chlamydosaurus kingii

Die Kragenechse ist in Nord- und Nordwestaustralien und im Süden Neuguineas zu Hause. Sie lebt vor allem auf Bäumen und fühlt sich in trockenen Wäldern und Baumsavannen wohl. Ihr bunter „Halskragen" wird durch Knorpel verstärkt. Bei Gefahr stellt sie ihn durch das Öffnen des Mundes auf. Um den angsteinjagenden Eindruck noch zu verstärken, richtet sich die Kragenechse oft auf beiden Hinterbeinen auf.

Kurzkopfgleitbeutler
Petaurus breviceps

Der nachtaktive Baumbeutler lebt auf Neuguinea und im Nordosten Australiens. Seitlich am Rumpf besitzt er Flughäute, die ihm eine Art Gleitflug ermöglichen.

Körperlänge: 12–17 cm
Schwanz: etwa 20 cm
Gewicht: 90–130 g
Beuteltiere

Kookaburra
(Lachender Hans)
Dacelo gigas

Der größte Vertreter der Eisvögel lebt in den Urwäldern Neuguineas und in Australien. Sein lauter und schallender Ruf klingt wie ein schrilles Lachen.

Körperlänge: 41–47 cm
Rackenvögel

Beutelwolf
Thylacinus cynocephalus

Das letzte lebende Exemplar dieser Tierart wurde 1933 auf Tasmanien gesehen. Obwohl es später noch vereinzelt Spuren von ihm gab, muß man doch befürchten, daß der Beutelwolf ausgestorben ist. Der größte Raubbeutler war ein Einzelgänger, der sich vor allem von kleinen Känguruhs, Nagern und Vögeln ernährte. Wegen der Querstreifen auf seinem gelbbraunen Fell hieß er auch Tasmanischer Tiger.

Körperlänge: 100–110 cm
Schwanz: 50–65 cm
Beuteltiere

Körperlänge: 75–80 cm
Taubenvögel

Krontaube
Goura cristata

Die Krontaube lebt in den feuchten Regenwäldern Neuguineas. Wie andere Erdtauben ernährt auch sie sich vorwiegend von reifen Früchten, die auf den Boden fallen. Ihre Nahrung suchen die Krontauben in Gruppen von 2–10 Vögeln. Bei Störungen fliegen die Tiere sehr geräuschvoll in nahegelegene Bäume. Krontauben nisten in Bäumen und legen meist 2 Eier.

Länge: bis zu 200 cm
Schuppenkriechtiere

Grüne Baumpython
Chondropython viridis

Diese Riesenschlange ist in den Urwäldern von Neuguinea und in Australien anzutreffen. Mit ihrem Greifschwanz klammert sie sich an die obersten Äste der Bäume. Die junge Schlange hat eine rötliche Haut, ein kräftiges Blattgrün ist die Farbe der erwachsenen Schlange.

Hüttengärtner
Amblyornis inornatus

In den feuchten Bergregenwäldern Neuguineas sind die Gärtnervögel zu Hause. Die Männchen bauen aus Zweigen eine glockenförmige Laube und schmücken sie mit bunten, meist blauen Blüten und Früchten. Dorthin kommt das Weibchen zur Paarung.

Körperlänge: etwa 30 cm
Sperlingsvögel

Körperlänge: 52–81 cm
Schwanz: 42–93 cm
Beuteltiere

Baumkänguruh
Dendrolagus sp.

Die Heimat der Baumkänguruhs sind die heißen Regenwälder auf der nordaustralischen Kap-York-Halbinsel und vor allem in Neuguinea. Obwohl sich die Baumkänguruhs auch viel am Boden aufhalten, klettern sie im Gegensatz zu den anderen Känguruharten zum Fressen auf die Bäume. Sie ernähren sich von Blättern und Früchten. Auch um einem Bodenfeind zu entgehen, flüchten sie auf die Bäume. Für das Leben in den Baumwipfeln haben die Baumkänguruhs besonders ausgebildete Krallen und Fußsohlen.

Rotes Riesenkänguruh
Macropus rufus

Dieses Riesenkänguruh ist in Australien weit verbreitet. Es lebt bevorzugt in offenem Gelände, wo es sich von Graspflanzen ernährt.

Körperlänge: männliches Tier 130–160 cm, weibliches Tier 100–120 cm
Schwanz: männliches Tier 85–105 cm, weibliches Tier 65–85 cm
Gewicht: 20–70 kg
Beuteltiere

Hühnergans
Cereopsis novaehollandiae

Dieser Vogel lebt auf Inseln an der ostaustralischen Küste. Er überwintert auf dem Festland.

Körperlänge:
75–100 cm
Gänsevögel

Moloch (Wüstenteufel)
Moloch horridus

Der Moloch lebt in den Sandwüsten und Steppen Zentral- und Südaustraliens. Er ernährt sich von Ameisen und kann über die Haut Flüssigkeit aufnehmen.

Körperlänge: 12 cm
Schuppenkriechtiere

Großer Kaninchen-Nasenbeutler
Macrotis lagotis

Dieser Bewohner der Savannen und Halbwüsten Australiens verdankt seinen Namen der langen, fast zu einem Rüssel ausgezogenen Schnauze. Nasenbeutler scharren in der Nacht nach Insekten, Würmern und mitunter auch nach Wurzeln.

Körperlänge: bis zu 44 cm
Schwanz: bis zu 22 cm
Beuteltiere

Australien-Kurzschnabeligel
Tachyglossus aculeatus

Dieses in Australien und in einem Teil Neuguineas beheimatete primitive Säugetier bringt keine lebenden Jungen zur Welt, sondern legt Eier, die es in einem Bauchbeutel ausbrütet.

Körperlänge: 40–50 cm
Schwanz: 9 cm
Kloakentiere

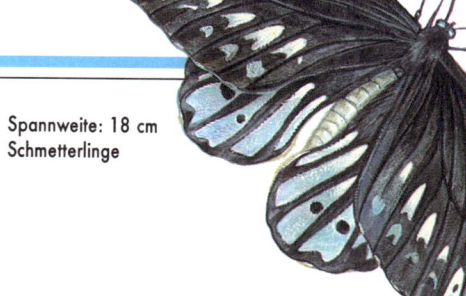

Spannweite: 18 cm
Schmetterlinge

Vogelfalter
Ornithoptera alexandrae

Die auffälligen Vogelfalter sind in Australien beheimatet. Bei dem abgebildeten Exemplar handelt es sich um einen der größten bekannten Tagfalter überhaupt. Die Färbung ist bei den Geschlechtern unterschiedlich: schwarz und grün beim männlichen und schwarz mit hellbraunen Flecken beim weiblichen Tier.

Gelbhaubenkakadu
Cacatua galerita

Dieser auf Neuguinea und in Nord- und Ostaustralien verbreitete Kakadu gelangte auch nach Neuseeland und auf andere Inseln Ozeaniens. Er ist in den Wäldern der Tiefebenen und in offenem Gelände tropischer wie gemäßigter Bereiche anzutreffen. Das gesellige Tier lebt paarweise oder in kleinen Gruppen.

Körperlänge:
45–51 cm
Papageien

Emu
Dromaius novaehollandiae

Der Emu lebt in den Buschsteppen Australiens in großen Herden, die sich im Winter auf lange Wanderungen begeben.

Körperlänge: 200 cm
Gewicht: bis zu 55 kg
Laufvögel

Körperlänge: 40–75 cm
Schwanz: 25–35 cm
Beuteltiere

Fleckenschwanz-Beutelmarder
Dasyurus maculatus

Das in Ostaustralien und auf Tasmanien beheimatete Tier hält sich gerne in Wäldern auf. Es greift kleine Känguruhs an, verschmäht aber auch pflanzliche Nahrung nicht.

Die Wüste

In den Wüsten gibt es nur sehr selten Niederschläge. Kein Lebewesen kann jedoch ohne Wasser existieren, aber einige Pflanzen und Tierarten kommen mit einer überaus geringen Menge des kostbaren Nasses aus. Und aus diesem Grund werden auch die Wüsten von zahllosen Tieren bevölkert. Doch keine Wüste gleicht der anderen. Je nach ihrer geographischen Lage herrschen die unterschiedlichsten klimatischen Bedingungen. In den asiatischen Kältewüsten, etwa der Gobi in der Mongolei, kann die Temperatur auf 30–40° unter Null fallen, während es in der größten Wüste der Welt, der nordafrikanischen Sahara, bis über 55° heiß wird. Auch was die Bodenbeschaffenheit betrifft, bestehen Unterschiede: So gibt es riesige Sandwüsten mit Wanderdünen ebenso wie Wüsten, die durch steiniges, felsiges Gelände gekennzeichnet sind.

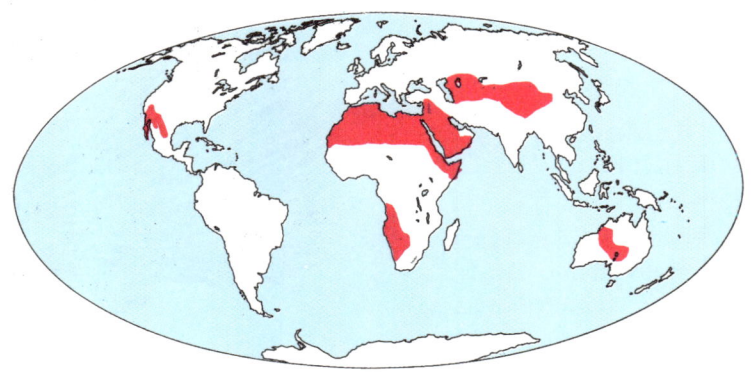

Wüstengebiete gibt es fast in jedem Kontinent unserer Erde, und die Anpassung an diesen extremen Lebensraum stellt im Grunde überall die gleichen Erfordernisse. In allen Wüsten finden wir beispielsweise blattlose, dickfleischige Pflanzen mit Dornen, die von den Botanikern sukkulente (saftreiche) Pflanzen genannt werden. Sie ähneln sich alle in gewisser Weise, was aber nicht bedeutet, daß sie auch miteinander verwandt sind. So haben etwa die amerikanischen Kakteen nichts mit den afrikanischen Euphorbien zu tun. Ihr Aus-

Dromedar

Links: Viele Faktoren erlauben es dem Dromedar, sich ohne größere Schwierigkeiten an das Leben in der Wüste anzupassen. Dem Wassermangel beugt es die wenigen Male vor, die es trinken kann: dann speichert es nämlich bis zu 60 Liter Wasser. Der Höcker ist ein Fettpolster, von dem das Dromedar zehrt, wenn es einige Tage lang keine Nahrung aufnehmen kann. Ohren und Nase sind schließlich gegen Sandstürme gut geschützt.

Rechts: Im Herzen Asiens finden sich weite Wüstengebiete. Für diese Gegend typische Tiere sind Springmäuse. Doch auch ihre langen Beine reichen bisweilen nicht aus, um sich rechtzeitig vor den Schlangen in Sicherheit zu bringen.

Kropfgazelle

Wüstenspringmaus

Zwergspringmaus

Pferdespringer

sehen entspricht nur derselben Notwendigkeit, sich an das Wüstenleben anzupassen.

Was die Tiere in der Wüste betrifft, so ist es nicht leicht, sie zu beobachten. Sie sind in ihrer Mehrzahl nachtaktiv, denn wegen der großen

Gilaspecht

Kaktus-zaunkönig

Rennkuckuck

In den Wüsten der Vereinigten Staaten und Mexikos spielt sich das Tierleben meist in der Nähe der vielfältigen, dornigen Kaktus-pflanzen ab.

Hitze verlassen sie ihre unterirdischen Höhlen und Unterschlupfe tagsüber nur ungern.

Wenn die kühle Nacht anbricht, gehen die Wüstenspringmäuse auf die Suche nach Samen. Damit stillen sie nicht nur ihren Hunger, sondern erhalten auch noch die wenige Flüssigkeit, die sie brauchen. In der Dämmerung verlassen auch die Gopherschildkröten Nordamerikas ihre langen Erdgänge, an deren Ende sich eine geräumige Wohnkammer befindet, um sich mit Nahrung zu versorgen. Und zu dieser Zeit gehen natürlich auch die Räuber auf die Jagd, etwa der Fennek oder die Klapperschlange.

Einige Wüstenbewohner lassen sich jedoch weder bei Tag noch bei Nacht an der Oberfläche sehen, wie dies beispielsweise von vielen Vertretern aus der Familie der Skinke bekannt ist. Bei

diesen handelt es sich um Echsen mit einem kräftigen, muskulösen Körper, aber verkümmerten Beinen, die sich mit „Schwimmbewegungen" im Sand unterirdisch fortbewegen.

Typisch für die Wüste ist schließlich die Vielzahl giftiger Tiere. Dazu gehören Skorpione und andere Spinnentiere, Schlangen und Hundertfüßer, ja sogar giftige Eidechsen, etwa die großen nordamerikanischen Krustenechsen.

Wüstengrasmücke

Fennek

Klapperschlange

Triel

Schwarzkäfer

Steppenhuhn
Syrrhaptes paradoxus

Das Steppenhuhn lebt in weiten Teilen Afrikas und Zentralasiens, kommt aber bisweilen bis nach Süd- und Mitteleuropa. Es bevorzugt trockene, sandige Gegenden mit spärlicher Vegetation. Seine Nahrung besteht aus Insekten und Samen.

Körperlänge: 38 cm
Taubenvögel

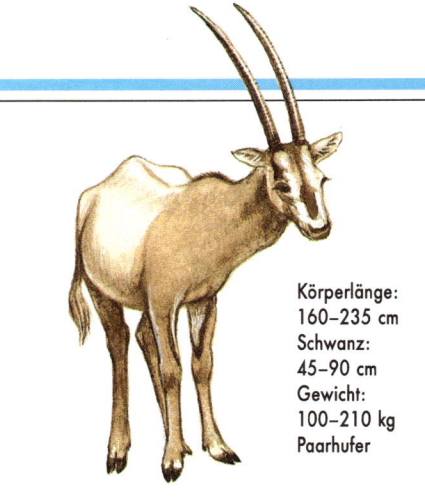

Körperlänge:
160–235 cm
Schwanz:
45–90 cm
Gewicht:
100–210 kg
Paarhufer

Spießbock
Oryx gazella

Diese Antilopenart ist in den besonders niederschlagsarmen Steppen und Wüstengebieten Afrikas und Arabiens anzutreffen. Der Spießbock kann tagelang ohne Wasser auskommen. Die lebensnotwendige Flüssigkeit entzieht er seiner pflanzlichen Nahrung. Spießböcke leben in Großfamilien.

Mendes-Antilope (Addax)
Addax nasomaculatus

Diese in der Sahara beheimatete Antilope kann wochen- und monatelang Wasser entbehren. Leider ist die Addax in weiten Teilen der Sahara ausgerottet, da sie von den Nomadenstämmen vor allem für Opferzwecke gejagt wurde.

Körperlänge: 150–170 cm
Schwanz: 25–35 cm
Gewicht: 60–125 kg
Paarhufer

Fennek
Vulpes zerda

Der Fennek ist der kleinste und zierlichste aller Wildhunde. Dieser kleine Fuchs ist in Nordafrika und Arabien anzutreffen und für das Leben in der Wüste gut ausgerüstet. Seine langen Ohren helfen ihm, die überschüssige Wärme schnell aus dem Körper abzugeben.

Körperlänge: 35–41 cm
Schwanz: 17–30 cm
Gewicht: meist unter 1,5 kg
Raubtiere

Körperlänge: 10–15 cm
Schwanz: 15–25 cm
Nagetiere

Wüstenspringmaus
Jaculus jaculus

Die Wüstenspringmaus lebt in den Wüsten und Steppen Nordafrikas und Vorderasiens. Mit Hilfe ihrer langen Hinterbeine bewegt sie sich hüpfend vorwärts und kann so eine Geschwindigkeit von bis zu 20 Stundenkilometern erreichen.

Körperlänge: bis zu 300 cm
Schwanz: 60–70 cm
Paarhufer

Dromedar
Camelus dromedarius

Das einhöckerige Kamel ist in den Steppen und Wüsten Afrikas und Asiens beheimatet. Schon seit Jahrtausenden dient es dem Menschen dort als Nutztier. Das Dromedar ist überaus genügsam, braucht wenig Nahrung und kann tagelang ohne Wasser auskommen.

Skorpions-Krustenechse
Heloderma horridum

Krustenechsen sind die einzigen heute noch lebenden giftigen Echsen. Neben der in Mexiko beheimateten Skorpions-Krustenechse gibt es noch die Gilaechse, die im Süden der Vereinigten Staaten und in Mexiko vorkommt. Sie ernähren sich von kleinen Vögeln, Nagern und Eiern.

Körperlänge: bis zu 80 cm
Schuppenkriechtiere

Körperlänge: 80 cm
Schuppenkriechtiere

Hornviper
Cerastes cerastes

Die Hornviper ist eine hochgiftige Schlange, die in der Sahara und in den Wüsten Arabiens vorkommt. Das nachtaktive Tier bewegt sich mit einem typischen Schlängeln vorwärts, so daß es im Sand unverwechselbare Spuren hinterläßt. Ihren Namen verdankt die Hornviper den Schuppenhörnchen über den Augen.

Klapperschlange
Crotalus atrox

Die Prärien im Westen der Vereinigten Staaten sind die Heimat der gefährlichen Klapperschlange. An ihrem Schwanzende befinden sich Hornglieder, mit denen die hochgiftige Schlange zur Warnung ihrer Feinde rasselt.

Körperlänge: bis zu 200 cm
Schuppenkriechtiere

Mähnenspringer (Mähnenschaf)
Ammotragus lervia

Das ziegenähnliche Wildschaf ist durch die lange Unterhals- und Vorderbrustmähne charakterisiert. Es lebt in den Gebirgen Nordafrikas in kleinen Gruppen von 3–6 Tieren, von denen die erwachsenen Männchen jedoch ausgeschlossen bleiben. Mähnenschafe sind ausgezeichnete Kletterer und sehr gewandte Springer.

Körperlänge: 130–160 cm
Schwanz: 15–25 cm
Gewicht: männliches Tier 140 kg,
weibliches Tier 55 kg
Paarhufer

Kranich

Gänsegeier

Storch

Silbermöwe

Blauelster

Brachschwalbe

Löffler

Sandflughuhn

Seeschwalbe

Trauerseeschwalbe

Europäische Eidechsennatter

Perleidechse

Die Macchia

Mit Macchia bezeichnet man die charakteristische Vegetation an den Küsten des Mittelmeeres, die hinter den Dünen beginnt. Die Landschaft wird von Steineichen, von der Pistazie und vom Johannisbrotbaum beherrscht. Auch der Ölbaum ist hier heimisch; doch ihn findet man heute eher auf den Hügeln weiter im Hinterland, wohin er vom Menschen vor vielen Jahrhunderten verpflanzt wurde.

Weite, fast wüstenähnliche Flächen wechseln sich mit kleinen Wäldern ab, die durch das dichte Gestrüpp harter und dorniger Pflanzen undurchdringbar erscheinen. Hier machen die zarten Farben des vorzeitigen Frühlings und die herrliche Blütenpracht von Zistrosen und Ginster allzu rasch der dunklen, sommerlichen Färbung von Bäumen und Büschen Platz. Und der Duft zahlreicher aromatischer Kräuter vermischt sich harmonisch mit dem Geruch des nahen Meeres.

Nur ein schmaler Landstreifen entlang der Küsten ist von der Macchia bedeckt, doch birgt er ein überaus reiches Tierleben. Viele Vögel machen hier halt auf ihrem Zug nach Süden, um sich an Früchten und Samen zu stärken. Auch das Wildschwein hält sich an diesem Ort sehr gerne auf, denn es findet in der Macchia ausreichend Nahrung und Unterschlupf. Eidechsen und Schlangen bietet sich hier ebenfalls ein idealer Lebensraum. Es gibt genügend Insekten und andere kleine Beutetiere, und daneben ist auch für hervorragende Verstecke zwischen den Felsen und unter den Büschen gesorgt.

Schließlich ist die Macchia vor allem das Reich der Insekten. Ihre Anwesenheit kündigt sich

Auf ihrem Zug ins ferne Afrika legen zahlreiche Vögel an den Küsten des Mittelmeers Rast ein. Für einige, etwa die Seeschwalben oder die Möwen, bieten die sandigen oder felsigen Küsten den idealen Nistplatz. In dieser Gegend fühlen sich auch Reptilien, etwa Eidechsen und Schlangen, sehr wohl.

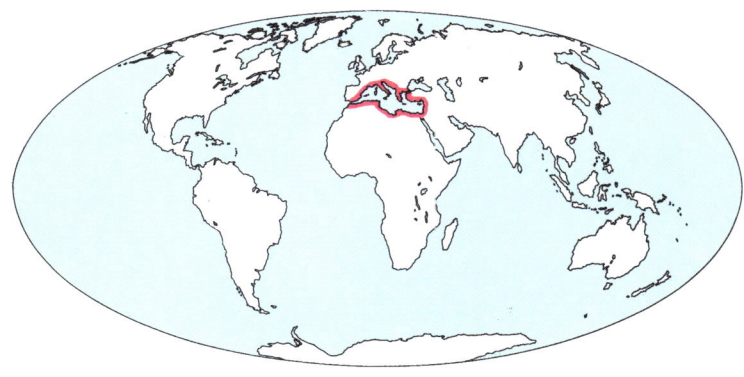

Am Hinterleib der Gottesanbeterin befindet sich ein Säckchen, in dem sie ihre Eier ablegt. Sie befestigt es an einem Zweig oder Stein, später schlüpfen daraus die jungen Insekten.
Unten links: Zwischen den Bäumen und Büschen zirpen die Zikaden, die ihr Larvenleben unter der Erde verbracht haben.
Unten rechts: Der Pillendreher formt aus Kot eine große Kugel und schafft sie in seine Höhle. In dieser Kugel legt er ein Ei ab. Die Larve ernährt sich dann von der Kotkugel.

schon von weitem durch das unüberhörbare Zirpen der Zikaden an. Und hier ist der Nashornkäfer zu Hause, dessen Larven sich in verrottetem Holz oder Kompost entwickeln, oder die Fangheuschrecke, die zwischen den Grashalmen auf der Lauer liegt.

Zwischen der Macchia und dem Meer erstreckt sich normalerweise ein Sandstreifen mit spärlicher Vegetation. Hier hat der Pillendreher seine unterirdischen Höhlen. Aus dem Kot von Säugetieren formt er große Kugeln, die manchmal dem Käfer selbst, meist aber seinen Larven als Nahrung dienen. Auch die Seeschwalben wählen diesen Ort als Nistplatz. Ihre Eier legen sie in eine einfache Vertiefung in den Sand.

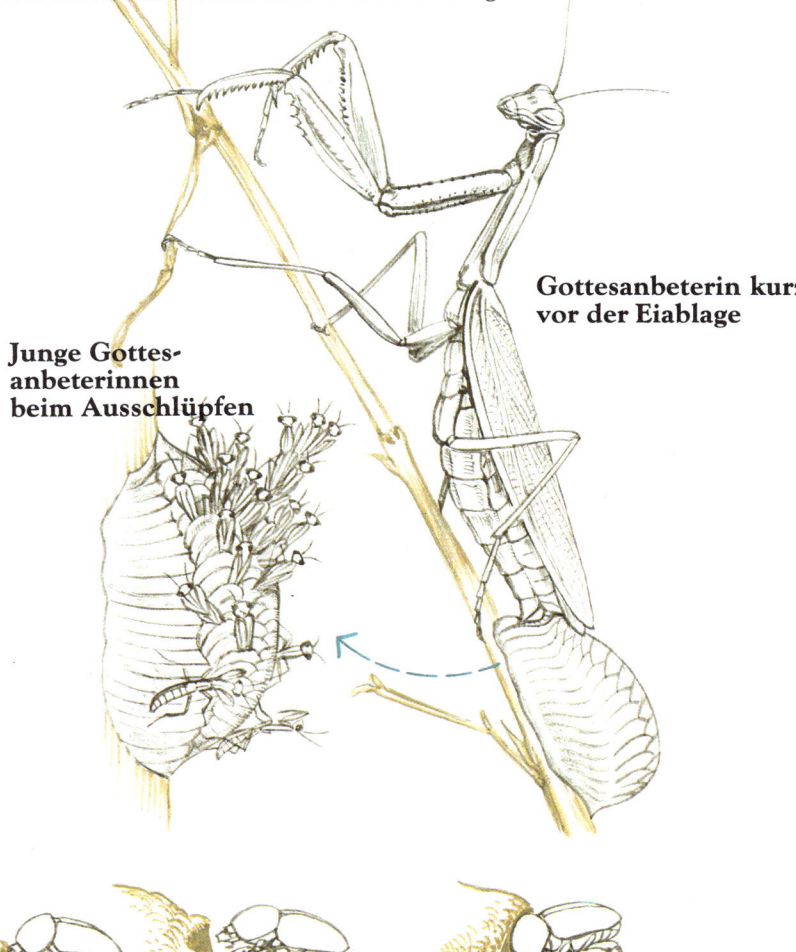

Gottesanbeterin kurz vor der Eiablage

Junge Gottesanbeterinnen beim Ausschlüpfen

Lebenszyklus der Zikade

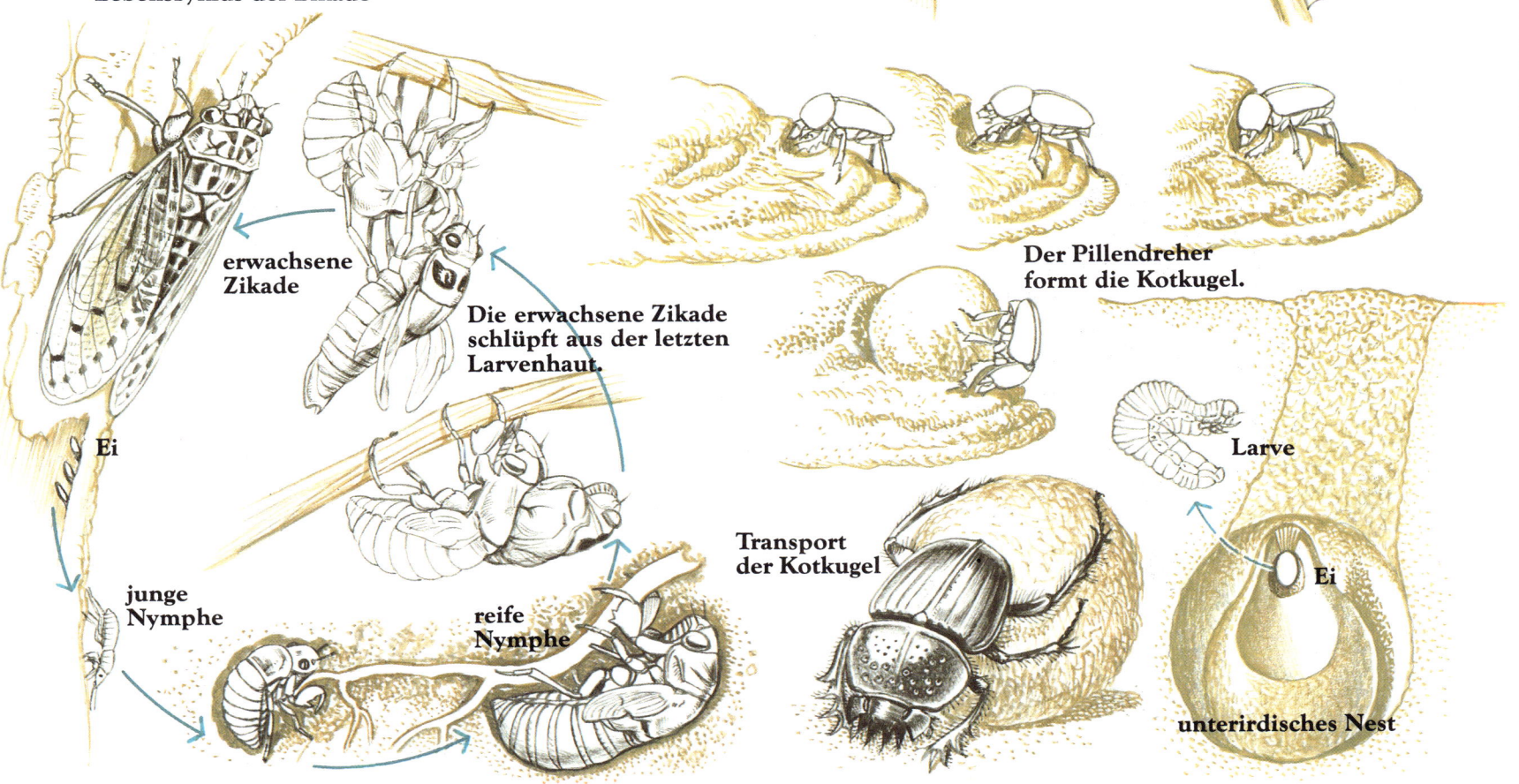

erwachsene Zikade

Die erwachsene Zikade schlüpft aus der letzten Larvenhaut.

Ei

junge Nymphe

reife Nymphe

Der Pillendreher formt die Kotkugel.

Transport der Kotkugel

Larve

Ei

unterirdisches Nest

Gänsegeier
Gyps fulvus

Der von Spanien bis Turkestan beheimatete, seltene Geier ernährt sich von Tierkadavern und ist daher von großem Nutzen.

Körperlänge: etwa 100 cm
Spannweite: 250 cm
Greifvögel

Schmutzgeier
Neophron percnopterus

Diese kleine Geierart ist im Mittelmeergebiet und bis nach Senegal und Indien vertreten und nistet zwischen Felsen. Der Schmutzgeier ernährt sich von Tierkadavern und Abfällen und wirkt so als Gesundheitspolizei.

Körperlänge: 60 cm
Greifvögel

Körperlänge: bis zu 80 cm
Schuppenkriechtiere

Perleidechse
Lacerta lepida

Die schöne Eidechse ist in den westlichen Mittelmeerländern verbreitet und hält sich dort in niedrigem Gebüsch und Olivenhainen auf. Sie ernährt sich vor allem von kleinen Wirbeltieren und Insekten.

Wildschwein
Sus scrofa

Weitverbreitet in Europa, Asien und Nordafrika, paßt sich das Wildschwein den verschiedensten Lebensräumen an. Es bevorzugt jedoch Wälder, wo es genügend Eicheln und Bucheckern, Wurzeln und Knollen finden kann, die einen wichtigen Teil der Ernährung des Allesfressers ausmachen. Das weibliche Tier bringt bei einem Wurf 3–12 Junge zur Welt, die Frischlinge genannt werden.

Körperlänge: 100–180 cm
Schwanz: 12–25 cm
Gewicht: bis zu 350 kg
Paarhufer

Körperlänge: 1,5–3 cm
Käfer

Pillendreher
Scarabaeus semipunctatus

Ein entlang der Mittelmeerküsten verbreiteter Käfer, der sich von den Exkrementen der Säugetiere ernährt. Er formt daraus große Kugeln, die er zu seiner unterirdischen Höhle rollt. Dort dienen sie als Nahrung für seine Larven, manchmal auch für den Käfer selbst.

Stachelschwein
Hystrix cristata

Das Stachelschwein ist in Südeuropa und in Nordafrika
anzutreffen. Es bevorzugt dek-
kungsreiches Gelände mit Gestrüpp, etwa die Macchia an
den Mittelmeerküsten. Sta-
chelschweine sind nachtaktiv
und ernähren sich von Wurzeln, Knollen und Rinden.

Körperlänge: 50–70 cm
Schwanz: 4–6 cm
Gewicht: 10–15 kg
Nagetiere

Kranich
Grus grus

Der Kranich fühlt sich in
sumpfigen, wasserreichen Gegenden wohl. Er kommt im
Norden Europas und in gemäßigten asiatischen Zonen vor.
Beim Flug werden Kopf und
Hals weit ausgestreckt. Zur
Brutzeit veranstalten die Kraniche auffallende Balztänze
und stoßen sehr laute, trompe-
tenartige Rufe aus. Normalerweise legt das Kranichweib-
chen 2 Eier in ein Nest am
Boden. Am Bau des Nestes
beteiligen sich Männchen und
Weibchen. Auch die Bebrü-
tung des Geleges ist Aufgabe
beider Partner. Die jungen Kraniche sind Nestflüchter und
können schon am ersten
Lebenstag laufen. Mit 10
Wochen sind sie schließlich
flugfähig.

Körperlänge: 115 cm
Kranichvögel

Europäische Eidechsennatter
Malpolon monospessulanus

Diese Natter lebt an den
Küsten des Mittelmeers in san-
digem und felsigem Gelände.
Obwohl sie gut schwimmen
kann, trifft man sie an Gewässerrändern nur selten an. Ihr
Gift kann dem Menschen
kaum gefährlich werden.

Körperlänge: bis zu 200 cm
Schuppenkriechtiere

Körperlänge:
28 cm
Rackenvögel

Bienenfresser
Merops apiaster

Vom Mittelmeer bis nach
Indien verbreitet, bewohnt
der Bienenfresser trockene
Küstengebiete, Halbwüsten
und Steppen. Er ernährt sich
von Insekten. Auf seinem
Speiseplan stehen dabei auch
Bienen und Wespen.

Großtrappe
Otis tarda

Der schwerste flugfähige Vogel
ist von Spanien bis nach China
verbreitet und hält sich in
baumlosen Gebieten auf. Die
Balzbewegungen der Hähne
sind über Hunderte von
Metern Entfernung zu sehen.

Körperlänge: 102 cm
Gewicht: bis zu 22 kg
Kranichvögel

Inseln im Ozean

Geographisch gesehen ist eine Insel ein Stück Land, das an allen Seiten von Wasser umgeben ist, manchmal Hunderte, wenn nicht gar Tausende von Kilometern vom Festland entfernt. Solche Inseln mitten im Ozean sind für Landtiere, auch wenn sie weit fliegen oder ausgezeichnet schwimmen können, überaus schwer zu erreichen. Die Tierwelt auf diesen Inseln ist daher aufgrund ihrer Isolierung von den Tieren des Festlands besonders interessant.

Gelangen dennoch ursprünglich auf dem Festland beheimatete Tiere zufällig auf eine Insel, so finden sie auf dem Eiland vielleicht Lebensbedingungen vor, an die sie sich nicht anpassen können. Aber nur wenn sich mehrere Tiere einer Art an die auf der Insel gegebenen Lebensbedingungen

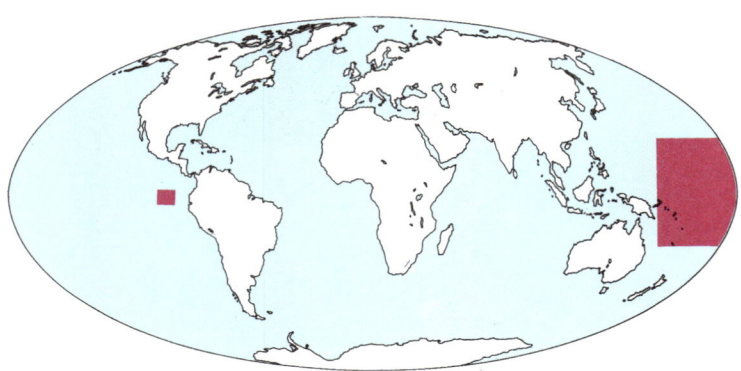

Auf Hawaii leben eine Vielzahl großer Baumschnecken. Jede Insel hat ihre speziellen und ganz verschiedenen Arten. Oft sind sie nur auf kleine Waldstücke begrenzt, die von der Lava vor Jahrhunderten abgeteilt wurden. Die Abbildung zeigt die Baumschnecken der Insel Oahu.

Großer Kaktusfink

Vegetarische Baumfink (Weibchen)

Großer Grundfink

Mittlerer Grundfink

Vor rund 160 Jahren entdeckte der berühmte Naturforscher Charles Darwin während seiner großen Südamerika-expedition auf den Galápagos-Inseln an der Küste Ecuadors eine Vogelgruppe, die heute noch seinen Namen trägt: die Darwinfinken. Insgesamt sehen sich die 13 Arten recht ähnlich, doch hat jede von ihnen einen anders geformten Schnabel, was auf die unterschiedliche Ernährungsweise zurückzuführen ist. So gibt es neben reinen Körnerfressern auch Arten, die gemischte Nahrung bevorzugen, oder solche, die nur auf Insekten spezialisiert sind. Der zu dieser Gruppe gehörende Spechtfink hat dabei eine ganz besondere Technik entwickelt. Mit einem langen Kaktusdorn, den er im Schnabel hält, stochert er in Baumrinden nach seiner Nahrung.

anpassen, kann sich eine neue Population entwickeln. Eine klimatische Veränderung, das Auftauchen von Raubtieren oder auch nur von konkurrierenden Tieren kann dazu führen, daß die kleine Gruppe schnell und für immer verschwindet. Die größten Raubtiere auf Hawaii oder den Seychellen sind Eidechsen und insektenfressende Vögel. Auf Hawaii und auf den Galápagos-Inseln gibt es jeweils nur eine kleine Raubvogelart.

Die Tierwelt der beiden Inselgruppen im Pazifischen Ozean ist zwar nicht sehr groß, dafür aber überaus interessant. Auf Hawaii sind beispielsweise die Kleidervögel anzutreffen. Mit ihren langen, gebogenen Röhrenschnäbeln saugen sie nicht nur Nektar aus den Blüten, sondern fangen auch Insekten. Eine andere Vogelgruppe sind die auf Galápagos beheimateten Darwinfinken, deren Vorfahren vom Festland stammten. Mit der Zeit paßten sich die Vögel an die Lebensbedingungen

Kleiner Baumfink

Vegetarischer Baumfink (Männchen)

Spechtfink

Hawaii-Bussard

Haubenkleidervogel

Jiwi

Akialoa

Papageischnäbler

Rechts: Ebenso wie auf den Galápagos-Inseln gibt es auch auf Hawaii Vögel, deren Schnabel an die ganz speziellen Bedürfnisse, etwa das Heraussaugen von Nektar aus den Blüten, angepaßt ist. Dabei handelt es sich um die Kleidervögel mit dem stark gebogenen Röhrenschnabel. Zu ihren Vertretern zählen beispielsweise der Akialoa und der Jiwi. Leider sind auch von dieser Familie bereits einige Arten durch Verschulden des Menschen ausgestorben. Auf Hawaii ist auch der Hawaii-Bussard beheimatet, ein Tagraubvogel, der unserem Mäusebussard ähnelt.

auf den Inseln an. So bildeten sich mehrere Arten mit ganz unterschiedlichen Nahrungsgewohnheiten heraus, die auch verschiedene Schnabelformen aufweisen, je nachdem, ob sie Körnerfresser, Gemischtköstler oder Insektenfresser sind.

Auf den einzelnen Inseln beider Archipele leben oft Tiere, die bereits auf der Nachbarinsel nicht mehr anzutreffen sind. Das zeigt, daß sogar Wanderungen zwischen den Inseln einer Gruppe sehr schwierig und fast unwahrscheinlich sind. Kreuzungen von ähnlichen Tieren, die auf verschiedenen Inseln beheimatet sind, kommen deshalb höchst selten vor. Die Populationen folgen vielmehr ihrer eigenen Linie und werden nach und nach zu eigenen Arten.

Das ökologische Gleichgewicht auf einer Insel ist sehr empfindlich. Der Mensch drang oftmals rücksichtslos in diese Paradiese ein und löschte das Leben vieler Tierarten schnell und unwiederbringlich aus. Dies geschah zum einen durch die Jagd, zum anderen veränderte der Mensch den Lebensraum der Tiere teilweise so sehr, daß sie keine Überlebenschance hatten. Der auf der Insel Mauritius beheimatete Dodo ist ein trauriges Beispiel für dieses tragische Geschehen. Der Vogel führte ein sicheres Leben, bis der Mensch kam und ihn ausrottete.

Rotfußtölpel
Sula sula

Zu den verbreitetsten Tölpeln der 9 bekannten Tölpelarten zählt der Rotfußtölpel. Man trifft ihn an allen tropischen Gewässern an. Kompliziert und nach einem strengen Ritual läuft die Paarung dieser Vögel ab.

Körperlänge: 70–75 cm
Ruderfüßer

Blauschwanz-Schlank-skink
Leiolopisma

Unter den 800 Arten der Skinkfamilie gibt es viele Exemplare mit einem blauen Schwanz. Dazu gehört auch dieser kleine polynesische Vertreter, der in Küstennähe lebt, wo er nach Insekten jagt.

Körperlänge: 35 cm
Schuppenkriechtiere

Körperlänge: 12 cm
Sperlingsvögel

Spechtfink
Cactospiza pallida

Der Spechtfink ist auf den Galápagos-Inseln beheimatet und ernährt sich von Insekten. Er hat die Angewohnheit, mit einem langen Kaktusdorn, den er im Schnabel hält, in Baumrinden nach seiner Beute zu stochern.

Prachtfregattvogel
Fregata magnificens

Dieser auffällige Seevogel kommt im tropischen Atlantik und im östlichen Pazifik vor. Er brütet auf den Galápagos-Inseln, den Antillen und den Kapverdischen Inseln. In der Balzzeit bläst das Männchen seinen Kehlsack zu einem leuchtend roten Ballon auf. Prachtfregattvögel sind wahre Flugkünstler.

Körperlänge: 100 cm
Spannweite: 240 cm
Ruderfüßer

Körperlänge: 50 cm
Pinguine

Galápagos-Pinguin
Spheniscus mendiculus

Es gibt Pinguine, deren Lebensraum nicht die kältesten Zonen der südlichen Halbkugel sind. Zu den Bewohnern gemäßigter oder sogar heißer Gegenden gehört der Galápagos-Pinguin. Er brütet an den Küsten seiner Heimatinseln, deren Bereich er niemals verläßt. Von allen Vögeln haben Pinguine die besten Voraussetzungen für ein Leben im Wasser. Ihre Flügel sind zu Rudern umgewandelt, so daß sie ausgezeichnet schwimmen können.

Stummel-Kormoran
Nannopterum harrisi

Auf den Ozeanischen Inseln, die aufgrund der Entfernung kaum von Vögeln des Festlandes erreicht werden können, haben einige Vogelarten ihre Flugeigenschaften verloren. So auch der Galápagos-Kormoran, der seine Stummelflügel nach dem Tauchen zum Trocknen ausbreitet.

Körperlänge:
bis zu 92 cm
Ruderfüßer

Blaufußtölpel
Sula nebouxii

Tölpel können hervorragend fliegen. Im Sturzflug gehen sie auf die Jagd nach Fischen und anderen Meerestieren. Der Blaufußtölpel ist in tropischen und äquatornahen Gewässern an den amerikanischen Pazifikküsten anzutreffen, wo er auch nistet. Besonders gerne hält er sich auf den Galápagos-Inseln auf.

Körperlänge: 85–90 cm
Ruderfüßer

Körperlänge: bis zu 110 cm
Gewicht: bis zu 250 kg
Schildkröten

Elefantenschildkröte
Testudo elephantopus

Auf den abgeschiedenen Galápagos-Inseln leben die Elefantenschildkröten. Sie sind die größten Bewohner des Archipels. Die trägen und langsamen Tiere führen jahreszeitlich bedingt kleine Wanderungen von den höher gelegenen, feuchten Teilen der Inseln zu den tieferen, trockenen Zonen durch. Riesenschildkröten sind Pflanzenfresser, die wohl über 200 Jahre alt werden können. Doch auch sie sind vom Menschen fast ausgerottet worden. Nur auf den Galápagos-Inseln im Pazifik und auf den Seychellen im Indischen Ozean konnten sie überleben.

Körperlänge: bis zu 175 cm
Schuppenkriechtiere

Meerechse
Amblyrhynchus cristatus

Die Meerechse ist die einzige heute lebende Eidechse, die sich an ein Leben im Meer angepaßt hat. Sie ist an den felsigen Küsten der Galápagos-Inseln anzutreffen, wo sie in großen Gruppen lebt. Über und unter Wasser suchen die Meerechsen nach Algen und Tang. In der Paarungszeit führen die Männchen Gebietskämpfe aus.

Drusenkopf
Conolophus subcristatus

Diese Echse kommt heute nur noch auf den Galápagos-Inseln im Stillen Ozean vor. Sie ernährt sich vor allem von stacheligen Kakteenpflanzen und deren Blüten. Der Drusenkopf lebt in nicht sehr tiefen Höhlen, die er selbst gräbt. Durch den Menschen ist die Echse leider fast völlig ausgerottet worden. Sie wurde gejagt, und ihre Eier und Jungen fielen Katzen und Ratten zum Opfer.

Körperlänge: etwa 100 cm
Schuppenkriechtiere

Jiwi
Vestiaria coccinea

Der Jiwi ist einer der zahlreichen kleinen Vögel mit gebogenem Schnabel, die auf Hawaii zu Hause sind. Er ernährt sich von Nektar und Insekten, aber auch von Schmetterlingsraupen. Aus seinen Federn fertigten die Eingeborenen früher ihren ausgefallenen Kopfschmuck.

Körperlänge: 11 cm
Sperlingsvögel

Feenseeschwalbe
Gygis alba

Die Feenseeschwalbe ist in allen tropischen Meeren anzutreffen und nistet auf Inseln mitten in den Ozeanen. Sie legt 1 Ei auf den blanken Felsen. Sie ernährt sich vorwiegend von Fischen. Beim Tauchen geht sie zwar mit dem Kopf, aber niemals mit dem ganzen Körper unter Wasser.

Körperlänge: 27–33 cm
Wat- und Möwenvögel

Körperlänge: 18 cm
Papageien

Tahiti-Blaulori
Vini peruviana

Dieser kleine Papagei ist auf einigen Inseln Ozeaniens (Cook-Inseln, Gesellschafts- und Tuamotu-Inseln) anzutreffen, scheint jedoch auf Tahiti selbst ausgestorben zu sein. Er nistet in einem hohlen Baumstamm oder in einer offenen Kokosnuß, die noch an der Palme hängt.

Apapane
Himatione sanguinea

Der kleine Vogel lebt in den Wäldern Hawaiis. Dort ernährt er sich von Nektar und Schmetterlingsraupen. Der Apapane und die meisten kleineren Vögel auf Hawaii sind stark bedroht.

Körperlänge: 12 cm
Sperlingsvögel

Pseudokea
Pseudonestor xanthophrys

Der höchst seltene Vogel lebt nur in den Bergwäldern der Insel Maui. Er ernährt sich von Raupen und Käferlarven, die er mit seinem gebogenen Schnabel aus dem Holz zieht.

Körperlänge: 14 cm
Sperlingsvögel

Akialoa
Hemignathus obscurus

Der auf Hawaii heimische Vogel saugt mit seinem Röhrenschnabel Nektar aus den Blüten. Er ernährt sich aber auch von Insekten, die er aus Baumrinden hervorholt.

Körperlänge: 18 cm
Sperlingsvögel

Körperlänge:
etwa 22 cm
Taubenvögel

Vielfarbige Fruchttaube
Ptilinopus perousii

Diese Taube stammt aus Südpolynesien und ist vor allem auf den Fidschi-Inseln, Tonga und Samoa anzutreffen. Sie lebt in Wäldern, auf verlassenen Feldern, aber auch in der Nähe menschlicher Ansiedlungen und ernährt sich von Früchten.

Kagu
Rhynochetos jubatus

Der von der Ausrottung bedrohte Kranichvogel aus Neu-Kaledonien lebt in Wäldern mit dichtem Unterholz. Auf der Suche nach Nahrung durchstreifen die Kagus in kleinen Gruppen das Unterholz. Sie ernähren sich vor allem von Würmern.

Körperlänge: 55 cm
Kranichvögel

Spannweite: 6 cm
Schmetterlinge

Kamehameha-Falter
Vanessa tameamea

Dieser Schmetterling kann als das nationale Wahrzeichen der Hawaii-Inseln bezeichnet werden. Er ist eng verwandt mit dem Admiral-Falter, der auch in den gemäßigten Zonen Europas vorkommt.

Hawaii-Bussard
Buteo solitarius

Der Hawaii-Bussard, auch unter dem einheimischen Namen Io bekannt, ist nur auf der größten Insel des Archipels, auf Hawaii, anzutreffen. Er ernährt sich von Insekten, Vögeln und Mäusen.

Körperlänge: etwa 70 cm
Greifvögel

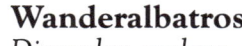

Wanderalbatros
Diomedea exulans

Die Heimat des Albatros ist die Hochsee, wo er vor allem auf der Südhalbkugel der Erde anzutreffen ist. Seine langen und leichten Flügel erlauben es ihm, ohne Ermüdung weite Strecken zurückzulegen. Dabei kann er selbst die geringste Luftströmung ausnutzen.

Körperlänge:
bis zu 120 cm
Spannweite:
bis zu 320 cm
Röhrennasen

Hawaiigans (Nene)
Branta sandvicensis

Auf den Hawaii-Inseln lebt eine Gänseart, die offensichtlich von der in Nordamerika beheimateten Kanadagans abstammt. Doch die lange Isolation auf den abgelegenen Inseln hat zu neuen Merkmalen geführt, wodurch die Hawaiigans zu einer eigenen Art geworden ist.

Körperlänge: etwa 60 cm
Gänsevögel

Flüsse und Seen in den gemäßigten Breiten

Im Süßwasser herrscht ein vollkommen anderes Leben als im Meer. Dies wird nicht zuletzt dadurch verdeutlicht, daß es nur sehr wenige Tiere gibt, die in beiden Umgebungen leben können, beispielsweise der Aal, der Lachs oder das Neunauge.

Der wichtigste Unterschied zwischen diesen beiden Welten besteht in der Beschaffenheit des Wassers. Flüsse und Seen haben gewöhnlich einen sehr niedrigen Salzgehalt, vor allem dann, wenn kein hoher Anteil tierischer Ausscheidungen vorhanden ist. Ein Tier, das im Süßwasser

Rechts: Im sumpfigen Brackwasser herrscht reges Leben. Zahlreiche wirbellose Tiere und kleine Fische bieten den vielen Vögeln ausreichend Nahrung. Dazu gehören Flamingos, Haubentaucher, Säbelschnäbler, Stelzenläufer und verschiedene Reiherarten. Das Rhonedelta in Südfrankreich ist eine weite, sumpfige Naturlandschaft und eines der wenigen Gebiete, in dem man noch den freilebenden europäischen Biber antreffen kann. Der Nutria ist ein großes Nagetier, das ursprünglich aus Südamerika stammt und von Pelztierzüchtern nach Europa gebracht wurde. Da bisweilen Tiere aus den Zuchtfarmen entkamen und sich hier in wasserreicher Umgebung ansiedelten, ist der Nutria nun auch bei uns heimisch.

Eine Larve des Gelbrandkäfers verschlingt die Larve der Eintagsfliege. Weitere Raubinsekten am Teich sind der Wasserskorpion und der Rückenschwimmer. Der Köcher mit den Blattstückchen beherbergt eine Larve der Köcherfliege.

Rechts: Die Abbildung zeigt den Verlauf eines Flusses von seinem Ursprung bis zu seiner Mündung in einen großen See. Durch die wechselnden äußeren Bedingungen, vor allem die Strömungsgeschwindigkeit und die Temperatur des Wassers, ändern sich natürlich auch die Fischarten, die in den jeweiligen Flußabschnitten und dann im See anzutreffen sind.

Flamingo

Graureiher

Stelzenläufer

Bartmeise

Purpurreiher

Nachtreiher

Rohrdommel

Säbelschnäbler

Wasserralle

Rohrweihe

schwimmt, gleicht einem Schiff mit einem Leck: Das Wasser dringt nach und nach in die Körperzellen ein, überschwemmt sie und stört die lebenswichtigen Funktionen des Organismus. Um im Süßwasser zu überleben, ist es deshalb notwendig, diesen ständigen Wassereintritt so gering wie möglich zu halten und das bereits eingedrungene Wasser wieder aus dem Körper zu schaffen. Und dazu sind nicht alle Tiere in der Lage.

Ein weiteres Problem tritt vor allem in flachen stehenden Gewässern auf. Wenn etwa ein Teich in regenarmen Perioden austrocknet, muß die Zeit des Wassermangels überbrückt werden. Auch dafür sind nicht alle Tiere gleichermaßen ausgestattet. Verschiedenen kleinen wirbellosen Tieren, vor allem winzigen Krebsen, gelingt es jedoch, in der Trockenzeit in kleinen Blasen im Schlamm zu überleben. Dort ruhen sie, bis wieder genügend Niederschlag fällt, und nehmen dann ihr gewohntes Leben wieder auf.

Viele Tiere sind zwar eng an das Süßwasser gebunden, verbringen aber nicht ihr ganzes Leben in dieser Umgebung. So gibt es Insekten, die im Wasser heranwachsen, später aber auf dem Land und in der Luft leben und nur noch zum Wasser zurückkehren, um dort ihre Eier abzulegen. Eintagsfliegen und Libellen gehören beispielsweise zu dieser Gruppe. Am und im Süßwasser spielt sich auch das Leben zahlreicher Vögel ab. Sie finden dort nicht nur ihre Nahrung, sondern nisten auch am Ufer oder – wie der Haubentaucher – sogar im Wasser selbst.

Natürlich unterscheidet sich die kleine Welt der Moore, Teiche und Tümpel von jener der großen, tiefen Seen, der klaren Wildbäche und der mächtigen Flüsse und Ströme. Und gerade die fließenden Gewässer bieten ihrerseits einen vielfältigen Lebensraum. Wer den Lauf eines Flusses von der Quelle bis zur Mündung aufmerksam verfolgt, wird auf jedem Abschnitt seines Weges einer eigenen, ganz typischen Tierwelt begegnen. Der Oberlauf hat meist ein großes Gefälle mit einer starken Strömung, das Wasser ist kalt und sauerstoffreich. Weiter talwärts wird der Lauf immer langsamer, die Strömung ist nicht mehr so reißend, und die Ufer weisen einen reichen Pflanzenwuchs auf. Im Unterlauf, nahe der Mündung, ist das Wasser des Flusses schließlich trüb und schlammig und vermischt sich bei Flut bereits mit dem Salzwasser des Meeres.

Laichkraut

Karausche

Bitterling

Seerose

Karpfen

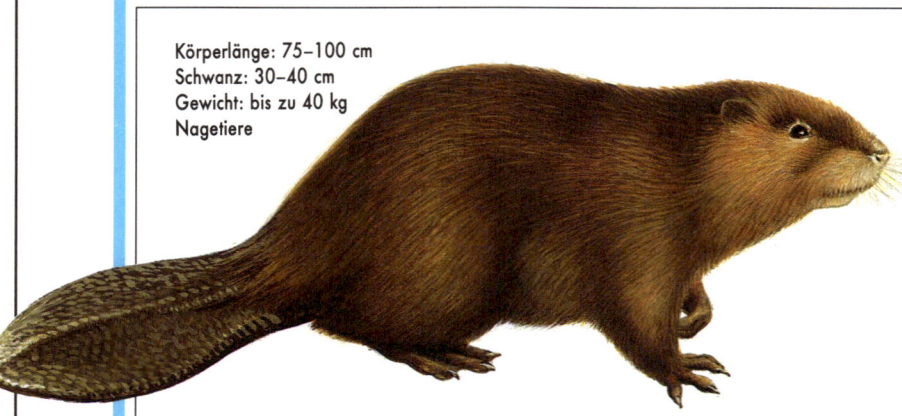

Körperlänge: 75–100 cm
Schwanz: 30–40 cm
Gewicht: bis zu 40 kg
Nagetiere

Biber
Castor fiber

Die vorzüglichen Schwimmer leben in Europa, Nordasien und Nordamerika an Wasserläufen und Seeufern. Der Eingang ihrer Wohnburgen muß immer geschützt unter Wasser liegen. Daher bauen die Pflanzenfresser Staudämme aus Baumstämmen, die sie mit ihren starken Nagezähnen fällen. Der Biber ist das größte Nagetier der Nordhalbkugel.

Stockente
Anas platyrhynchos

Körperlänge: 60 cm
Gänsevögel

Diese häufigste Entenart ist in allen nördlichen gemäßigten Zonen der Erde verbreitet. Aus ihr züchtete man die Hausente. Stockenten nisten in Wassernähe, möglichst im Schilf oder Gebüsch.

Körperlänge:
bis zu 100 cm
Gewicht: bis zu 22 kg
Lachsfische

Meerforelle
Salmo trutta

Die Meerforelle wandert wie der Lachs vom Meer bis zu den Quellgebieten der Flüsse, wo sie laicht. Die in ganz Europa vorkommende Meerforelle ist eng verwandt mit der Bachforelle, die im Süßwasser lebt.

Wasserfrosch
Rana esculenta

Der Wasserfrosch lebt vorzugsweise in stehenden Gewässern mit reichem Pflanzenwuchs und ernährt sich von Insekten. Im Frühjahr gibt er seinen gallertartigen Laich ins flache Wasser ab. Daraus entstehen die Larven der Frösche, die Kaulquappen. Diese atmen durch Kiemen und ernähren sich von Wasserpflanzen. Nach 1 Monat beginnt die Umwandlung (Metamorphose). Erst bilden sich die hinteren, dann die vorderen Gliedmaßen heraus. Schwanz und Kiemen verschwinden, der Körper stellt sich auf Lungenatmung um.

Körperlänge: 9–11 cm
Froschlurche

Körperlänge: 16 cm
Rackenvögel

Eisvogel
Alcedo atthis

Der vom Mittelmeerraum bis nach Ostasien beheimatete Vogel lebt an Flußläufen, Seen und Teichen mit lehmigen oder sandigen Uferböschungen. Dort gräbt er eine Neströhre, in die er 4–10 Eier legt, die von den Eltern ausgebrütet werden. Eisvögel ernähren sich von Fischen, die sie im Stoßflug fangen. Ihr Bestand ist gefährdet, da nicht mehr genügend Nistmöglichkeiten vorhanden sind.

Körperlänge: 13–22 cm
Schwanz: 7–11 cm
Gewicht: 80–320 g
Nagetiere

Schermaus
Arvicola terrestris

Schermäuse sind in fast ganz Europa anzutreffen und gehören zu den großen Wühlmäusen. Da sie gut schwimmen und tauchen können, halten sie sich gerne an Gewässerrändern auf. Dort legen sie auch ihre weitverzweigten Gangsysteme an. Ihre Nahrung besteht aus Ufer- und Wasserpflanzen. Das weibliche Tier bringt bei einem Wurf 2–8 Junge zu Welt.

Flamingo
Phoenicopterus ruber

Flamingos kommen außer in Australien in allen warmen Gegenden der Welt vor. Im Brackwasser und in Salzwasserlagunen leben die sehr geselligen Vögel oft in riesigen Kolonien. Zur Nahrungsaufnahme sieben sie in ihrem Schnabel Algen und Kleintiere aus dem Wasser. Das einzige Ei legt das Flamingoweibchen in ein Nest im Schlamm.

Körperlänge: etwa 130 cm
Spannweite: etwa 150 cm
Schreitvögel

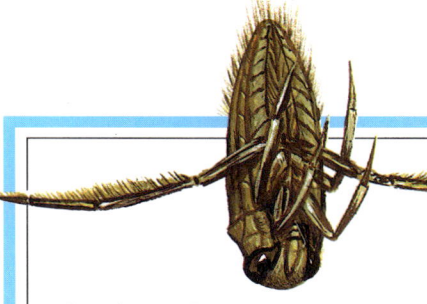

Körperlänge: 1,5 cm
Wanzen

Rückenschwimmer (Wasserbiene)
Notonecta glauca

Der Rückenschwimmer ist eine Wanze, die in Teichen und Sümpfen in ganz Europa anzutreffen ist. Sein Name kommt von der seltsamen Eigenschaft, mit dem Rücken nach unten zu schwimmen. Dank der Antriebskraft der ruderartigen langen Hinterbeine kann er sich mit beachtlicher Geschwindigkeit fortbewegen. Der Rückenschwimmer besitzt einen kräftigen Stechrüssel und jagt sogar Tiere, die größer sind als er selbst, etwa junge Fische oder Kaulquappen.

Körperlänge: bis zu 50 cm
Lachsfische

Äsche
Thymallus thymallus

Die Äsche ist ein in ganz Europa verbreiteter Süßwasserfisch. Sie lebt in kühlen Bächen oder Seen und benötigt sauberes, sauerstoffreiches Wasser. Ihre Nahrung besteht aus Würmern, Insekten und kleinen Fischen.

Hufeisen-Azurjungfer
Coenagrion puella

Libellen sind große Raubinsekten, die ihre Beutetiere – Fliegen und Mücken – im Fluge jagen. Die Larven sind ebenfalls Räuber, leben jedoch im Wasser und atmen durch Kiemen. Sie lauern ihren Opfern auf und lassen dann ihre Unterlippe hervorschnellen. Sie ist zu einer Fangmaske ausgebildet und packt die Beute wie eine Zange. Die erwachsene Libelle ist eine wahre Flugkünstlerin und entfernt sich oft weit von dem Gewässer, in dem sie ihr Larvendasein verbracht hat.

Körperlänge: 4,5 cm
Libellen

Haubentaucher
Podiceps cristatus

Das Leben der weit verbreiteten Haubentaucher ist streng ans Wasser gebunden. Sie bauen sogar ein schwimmendes Nest aus Schilf und Sumpfpflanzen. Die Jungen werden von den Eltern die erste Zeit auf dem Rücken getragen und auch beim Tauchen mitgenommen.

Körperlänge: 58 cm
Lappentaucher

Große Schlammschnecke
Lymnacea stagnalis

Die Große Schlammschnecke ist in den Binnengewässern ganz Europas anzutreffen. Ihre Eier legt sie an den Unterwasserpflanzen ab. Im unteren Teil ihres Mundes befindet sich eine Art Raspel mit vielen einzelnen Zähnen. Damit kann sie ihre pflanzliche Nahrung abnagen und zerkleinern.

Körperlänge: bis zu 5 cm
Schnecken

Flußbarsch
Perca fluviatilis

Der Flußbarsch ist ein in fast ganz Europa bekannter Süßwasserfisch. Man kann ihn in Flüssen, Seen und sogar im Brackwasser antreffen. Der Räuber lebt vorwiegend in Schwärmen und ernährt sich von kleinen Fischen und anderen, meist wirbellosen Wassertieren.

Körperlänge: 25–50 cm
Barschartige

Köcherfliege
Limnephilus sp.

Die Köcherfliege kommt in sumpfigen Gegenden in ganz Europa vor. Das erwachsene Insekt ähnelt einem etwas farblosen Schmetterling mit zartbehaarten Flügeln, der nicht viel Spaß am Fliegen hat und sich auch nicht gerne vom Wasser entfernt. Die Larve lebt am Grund von langsam fließenden Gewässern in einer köcherartigen Hülle, die sie selbst aus Pflanzenteilen, kleinen Steinen oder anderen Materialien zusammengefügt hat.

Körperlänge: etwa 2 cm
Köcherfliegen

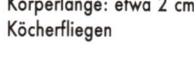

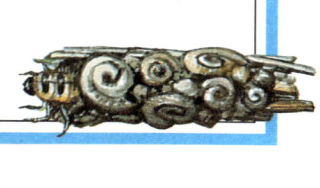

Wasserskorpion
Nepa cinerea

Diese Wanze ist in ruhigen Gewässern in ganz Europa anzutreffen. Das träge und seßhafte Insekt bewegt sich langsam zwischen den Wasserpflanzen, um winzige Beutetiere zu jagen. Diese werden mit den Vorderbeinen gepackt und mit Hilfe des kurzen, spitzen Rüssels ausgesaugt. Am Hinterleibsende des Wasserskorpions befindet sich ein langes Atemrohr.

Körperlänge: bis zu 2,3 cm
Atemrohr: 1–1,2 cm
Wanzen

Große Rohrdommel
Botaurus stellaris

Die Rohrdommel lebt in weiten Teilen Europas und in Nordafrika. Sie bevorzugt eine feuchte Umgebung, etwa dichtes Schilf, wo sie auch nistet. Bei Gefahr verharrt sie vollkommen unbeweglich, wobei sie Hals und Körper ganz lang macht. Aufgrund dieser Stellung und der Schutzfärbung ist sie dann hervorragend getarnt. Der dämmerungsaktive Vogel ernährt sich von Fischen, Fröschen und Weichtieren.

Körperlänge: 76 cm
Schreitvögel

Teichläufer
Hydrometra stagnorum

Der überaus zarte Teichläufer kann auf der Wasseroberfläche laufen, ist aber auch am Ufer, im Schlamm oder in feuchtem Moos anzutreffen. Er jagt winzige Insekten und saugt sie mit seinem feinen Rüssel aus.

Körperlänge: 1,2 cm
Wanzen

Körperlänge: 30–40 cm, maximal bis zu 120 cm
Gewicht: bis zu 35 kg
Karpfenähnliche Fische

Karpfen
Cyprinus carpio

Der Karpfen ist ein Süßwasserfisch, den es fast überall auf der Welt gibt. Seine Heimat liegt jedoch in Asien und umfaßt ein weites Gebiet zwischen Südrußland und Japan. Er liebt warmes ruhiges Wasser mit genügend Pflanzenwuchs. Dort sucht er am Boden nach Würmern und Insektenlarven. Der Laich bleibt an den Wasserpflanzen haften. Karpfen sind beliebte Speisefische und werden vom Menschen schon seit Jahrhunderten gezüchtet. Es gibt die verschiedensten Rassen, etwa Schuppen-, Spiegel- oder Lederkarpfen. Wenn er dem Köcher des Fängers entgeht, kann der stattliche Fisch über 30 Jahre alt werden.

Bartmeise
Panurus biarmicus

In Südeuropa und in den gemäßigten Zonen Asiens ist dieser kleine Vogel beheimatet. Sein Lebensbereich beschränkt sich vor allem auf große Schilfgebiete. Bartmeisen leben paarweise und bleiben ihr ganzes Leben lang zusammen. Aus trockenen Gräsern und Schilffasern bauen sie ein tiefes Nest, das innen mit Schilfrispen ausgekleidet ist. Das Weibchen legt dort 4–7 Eier ab. Die Vögel bleiben auch im Winter im Schilf. In dieser Jahreszeit ernähren sie sich von Samen, während sie im Frühjahr und im Sommer Insekten und Spinnen bevorzugen.

Körperlänge: 17 cm
Sperlingsvögel

Körperlänge: 40–60 cm, maximal bis zu 150 cm
Gewicht: bis zu 15 kg
Lachsfische

Hecht
Esox lucius

Der Hecht lebt in den Binnengewässern weiter Teile Europas, Nord- und Zentralasiens sowie Nordamerikas. Er ist ein gefräßiger Räuber, der zwischen Wasserpflanzen auf seine Beute lauert. Dazu gehören Fische von beachtlicher Größe, kleine Säugetiere, Frösche und junge Wasservögel. Sein großes Maul ist mit Hunderten von Zähnen ausgerüstet. Das Weibchen laicht zeitig im Frühjahr und gibt dabei bis zu 100 000 Eier ab.

Graureiher (Fischreiher)
Ardea cinerea

Grauhreiher kommen in Europa, Asien und Afrika vor. Sie brauchen die Nähe von Wasser, da sie sich von Fischen ernähren, benötigen aber auch sehr hohe Bäume, um dort ihre Horste zu bauen.

Körperlänge: 91 cm
Schreitvögel

Flußneunauge
Lampetra fluviatilis

Neunaugen besitzen anstelle der Wirbelsäule eine Rückensaite, die Chorda genannt wird. Ihr rundes Maul ist zwar mit Zähnen ausgestattet, hat aber keine Kiefer. Damit saugen sich die Neunaugen an Fischen fest und schmarotzen bei ihnen. Neunaugen leben im Salzwasser, wandern aber zur Laichabgabe im Süßwasser flußaufwärts. Die urzeitlichen Tiere waren an allen europäischen Küsten anzutreffen, werden aber aufgrund der Gewässerverschmutzung immer seltener.

Körperlänge: bis zu 50 cm
Rundmäuler

Nachtreiher
Nycticorax nycticorax

Der kleine Reiher ist außer im hohen Norden und Australien weltweit verbreitet. Er nistet in großen Kolonien in feuchten Wäldern oder am Rande von Sumpfgebieten. Sein Nest baut er gerne im Schilf. Im Gegensatz zu den anderen Reiherarten ist er nachtaktiv.

Körperlänge: 61 cm
Schreitvögel

Lachs
Salmo salar

Der Lachs ist ein Wanderfisch. Er kommt in den Oberläufen der Flüsse zur Welt und lebt dann im Meer, vor allem an den Küsten des Nordatlantiks. Zum Laichen steigt er wieder zu seiner Geburtsstätte auf. Die außergewöhnliche Orientierungsfähigkeit verdankt der Lachs seinem hervorragenden Geruchssinn. Auf seinem Weg flußaufwärts läßt sich der kräftige Fisch durch nichts aufhalten. Um Hindernisse, etwa kleine Wasserfälle, zu überwinden, kann er bis zu 4 m hoch springen. Dennoch erreichen nicht alle dieser Wanderer ihre Laichgewässer. Lachse haben ein rötliches, schmackhaftes Fleisch, das sie zu überaus beliebten Speisefischen macht.

Körperlänge: bis zu 120 cm
Gewicht: 20–35 kg
Lachsfische

Säbelschnäbler
Recurvirostra avosetta

Der Säbelschnäbler ist weit verbreitet, man trifft ihn von Spanien bis China und von Schweden bis Südafrika an. Er bevorzugt Flachwasser an den Küsten, Flußmündungen und schlammige Binnengewässer. Bei der Futtersuche streicht er mit seinem langen, nach oben gebogenen Schnabel durch das Wasser, um daraus Nahrung zu sieben. Der gesellige Vogel lebt in Kolonien.

Körperlänge: 45 cm
Regenpfeifenartige

Fischotter
Lutra lutra

Der Fischotter lebt in Europa, Asien und Nordafrika. Der schnelle Schwimmer ernährt sich von Wassertieren. Sein Bau am Flußufer ist sowohl vom Land als auch vom Wasser aus zugänglich.

Körperlänge: 60–95 cm
Schwanz: 35–55 cm
Gewicht: 4–10 kg
Raubtiere

Stelzenläufer
Himantopus himantopus

Körperlänge: 40 cm
Regenpfeifenartige

Der Stelzenläufer kommt von Spanien bis Südostasien vor und hält sich sowohl an Fluß- und Seeufern als auch an den Meeresküsten auf. Er bevorzugt niedriges Wasser und ernährt sich unter anderem von Insekten und kleinen Krebsen.

Wasserralle
Rallus aquaticus

Die Wasserralle ist in Europa, Nordafrika und den gemäßigten Zonen Asiens anzutreffen. Sie hält sich gerne in feuchten Gebieten mit dichtem Pflanzenwuchs auf und ernährt sich von Insekten und Kleintieren.

Körperlänge: 28 cm
Kranichvögel

Gelbrandkäfer
Dytiscus marginalis

Der Gelbrandkäfer war früher in den stehenden Gewässern in ganz Europa heimisch, ist aber heute aufgrund der Trockenlegungen und der Verschmutzung vieler Gewässer selten geworden. Er ist ein großer Räuber, der auch Kaulquappen und kleine Fische zu seiner Beute zählen kann. Die Larven mit ihren starken Kiefern sind ebenfalls Räuber.

Körperlänge: 3,5 cm
Käfer

Ringelnatter
Natrix natrix

Der ungiftigen Ringelnatter begegnen wir in ganz Europa, in Nordafrika sowie in den gemäßigten Zonen Asiens. Sie bevorzugt die Nähe von stehenden oder langsam fließenden Gewässern. Im Wasser bewegt sie sich ebenso geschickt wie auf dem Land. Ihre Hauptnahrung sind Frösche, doch stellt sie auch Vögeln, Mäusen und anderen Beutetieren nach.

Körperlänge: bis zu 200 cm, meist aber unter 120 cm
Schuppenkriechtiere

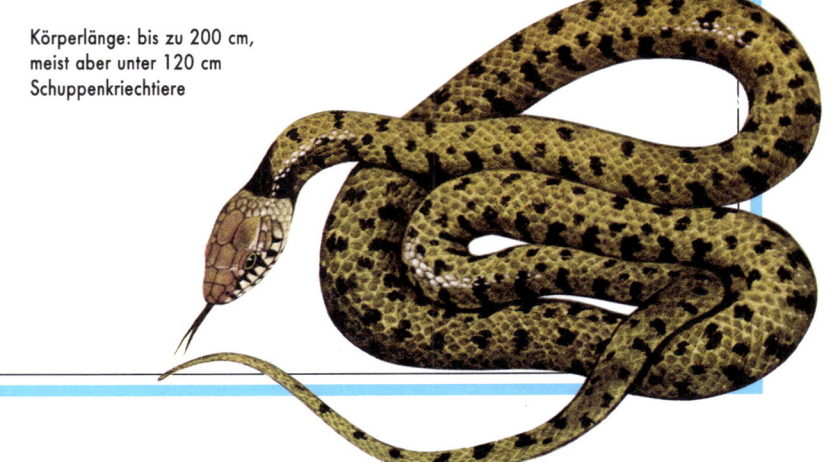

Tropische Flußland-schaften, Sümpfe und Feuchtgebiete

Vergleichen wir die Süßgewässer unserer gemäßigten Zonen mit jenen der Tropen, so werden wir

Ein Rudel hungriger Waldhunde verfolgt ein Paca, das versucht, ins Wasser zu fliehen. Dort aber wartet bereits ein weiterer dieser Räuber. Inzwischen ist ein Riesenotter gerade dabei, einen Fisch zu verspeisen, den er fest in den Pfoten hält.

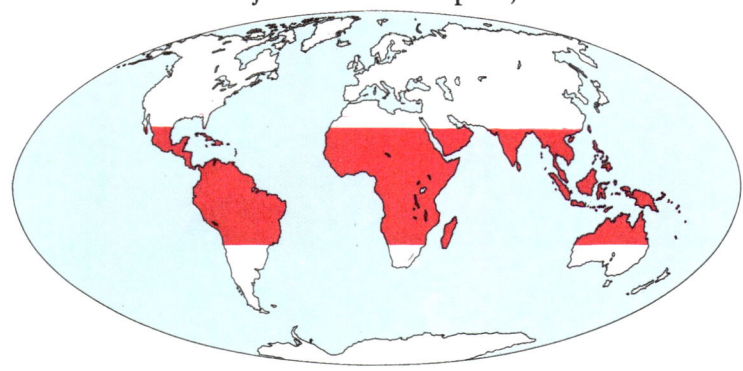

Unter den Vögeln der südostasiatischen Süßgewässer gibt es einige, etwa das Purpurhuhn oder das Teichhuhn, die man auch in Europa antreffen kann. Bemerkenswert ist auch der Wasserfasan: Ohne unterzugehen, spaziert er mit seinen besonders langen Zehen über die Blätter von Seerosen und anderer Wasserpflanzen.

einen wesentlichen Unterschied feststellen: Anders als bei uns ist es in den tropischen Süßgewässern überaus schwierig, eine Grenze zwischen Wasser und Land zu ziehen.

Dies ist zum einen darauf zurückzuführen, daß hier viele eigentlich auf dem Land (vor allem im Wald) lebende Tiere eine große Vertrautheit mit dem Wasser zeigen. Und zum anderen gibt es Fische und andere Wassertiere, die man regelmäßig an Land antrifft.

Ein gutes Beispiel für diese gemischte Lebensform sind zweifellos die Lungenfische, die Lungen

Saruskranich

Goldschnepfe

Purpurhuhn

Scherenschnabel

Wasserfasan in seinem Nest

Nest des Teichhuhns

Teichhuhn

Baumfrosch

Ein Baumfröschlein hat seine Eier auf den Blättern eines Baumes abgelegt. Nach und nach werden sie von dort ins Wasser fallen. Nach wenigen Tagen schlüpfen die Kaulquappen aus.

Waldhund

Paca

Riesenotter

und Kiemen haben. Die robusten, länglichen Fische sind wahrscheinlich die Nachkommen urzeitlicher Wassertiere, die vor Millionen von Jahren gelebt haben.

Wie alle Fische atmen die Lungenfische normalerweise durch Kiemen. Daneben besitzen sie aber auch Lungen, so daß sie auf dem Trockenen den Sauerstoff aus der Luft zum Atmen verwenden können.

Es gibt drei Arten von Lungenfischen, die südamerikanische Gattung Lepidosiren, die australische Neoceratodus und die afrikanische Protopterus. Letztere ist häufig in Sumpfgebieten anzutreffen. In der Trockenzeit überlebt der Lungenfisch in einer großen Blase aus Schlamm und Schleim, der von seiner Haut produziert wird. Im Inneren dieser Schutzhülle atmet er über seine Lunge. Wenn die Regenzeit kommt, löst sich die Blase auf, und der Fisch kann in seinen herkömmlichen Lebensbereich zurückkehren.

Ein anderes Beispiel bieten die vielen kleinen Frösche, die sich im Vergleich mit den bei uns heimischen Arten weitaus seltener im Wasser aufhalten. Allerdings herrscht in den tropischen Regenwäldern des Äquatorbereiches eine so hohe Luftfeuchtigkeit, daß weder der Frosch selbst noch der empfindliche Laich Gefahr laufen, an Land auszu-

trocknen. Einige Baumfrösche legen ihre Eier auf Ästen oder Zweigen über dem Wasser ab. Der Laich fällt dann ins Wasser, wo sich die Kaulquappen entwickeln.

Aber auch die Grenze zwischen dem Meer und den Süßgewässern ist in den Tropen oft nicht deutlich zu ziehen. Die Küstensümpfe in der Nähe von Flußmündungen stellen einen interessanten Übergangsbereich dar.

Krokodile und Delphine sind die für diesen Übergangsbereich zwischen Süß- und Salzwasser typischen Tiere. So lassen sich Krokodile vor allem in Südostasien sogar im offenen Meer sehen, und von den Delphinen haben sich fünf Arten fest in Binnengewässern angesiedelt, etwa der im Gebiet des gleichnamigen südamerikanischen Stromes beheimatete Amazonas-Flußdelphin.

Körperlänge: 140–180 cm
Ruderfüßer

Rosapelikan
Pelecanus onocrotalus

Der Rosapelikan ist vor allem in Afrika südlich der Sahara sowie in Zentral- und Südasien an Küsten und in Feuchtgebieten anzutreffen. Er ernährt sich von Fischen, die er in seinem dehnbaren Kehlsack am Unterschnabel sammelt. Pelikane sind sehr gesellige Vögel und gehen sogar gemeinsam auf Fischfang. Dabei treiben sie die Fische an einer Stelle zusammen und schöpfen sie dann mit dem Unterschnabel aus dem Wasser. Nicht selten fliegen Pelikane in großen Verbänden weite Strecken zu ihren Nahrungsgründen, die bis zu 100 km von ihren Nistplätzen entfernt sein können.

Riesenotter
Pteronura brasiliensis

Gegenüber dem viel kleineren herkömmlichen Fischotter besitzt der Riesenotter einen abgeflachten Schwanz, der ihn beim Schwimmen unterstützt. Das tagaktive Tier lebt gesellig in Gruppen. Der Riesenotter ist in Südamerika zu Hause, wo er sich an Wasserläufen mit geringer Strömung am wohlsten fühlt. Seine Nahrung besteht aus Fischen, die er an Land verzehrt, sowie aus kleinen Säugetieren und Vögeln. Er sucht in natürlichen Verstecken im Uferdickicht Unterschlupf.

Körperlänge: 100–150 cm
Schwanz: etwa 70 cm
Gewicht: bis zu 24 kg
Raubtiere

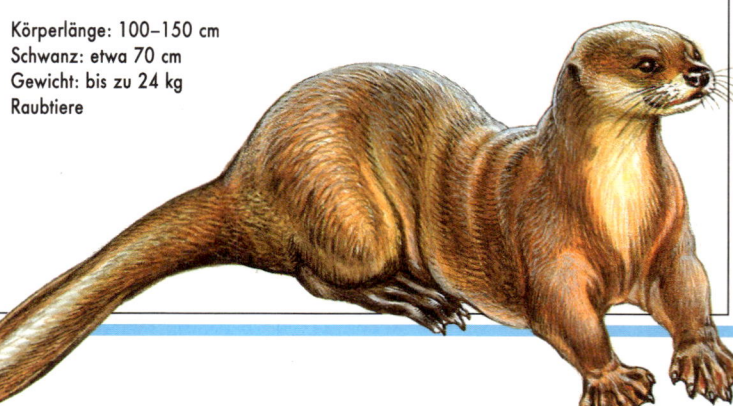

Rosalöffler
Ajaja ajaja

Dieser sehr gefährdete Stelzvogel ist in Mittel- und Südamerika beheimatet. Er bevorzugt die abgelegensten Winkel von Sümpfen und Feuchtgebieten sowie die Mangrovenwälder entlang der Küsten. Der Rosalöffler, der auf Bäumen nistet, ernährt sich von Fischen und wirbellosen Wassertieren.

Körperlänge: 70–80 cm
Stelzvögel

Fluß-Manati
Trichechus inunguis

Die schweren Wassersäugetiere leben in den großen Strömen Südamerikas, dem Orinoco und dem Amazonas. Sie sind nicht sehr gesellig, dulden aber die Anwesenheit ihrer Artgenossen. Meist kommt nur jeweils 1 Junges zur Welt, das mindestens 1 Jahr bei seiner Mutter bleibt. Manatis weiden Wasserpflanzen ab, wobei sie sehr großen Hunger an den Tag legen. Sie können bis zu 15 Minuten unter Wasser bleiben.

Körperlänge: bis zu 450 cm
Gewicht: bis zu 680 kg
Seekühe

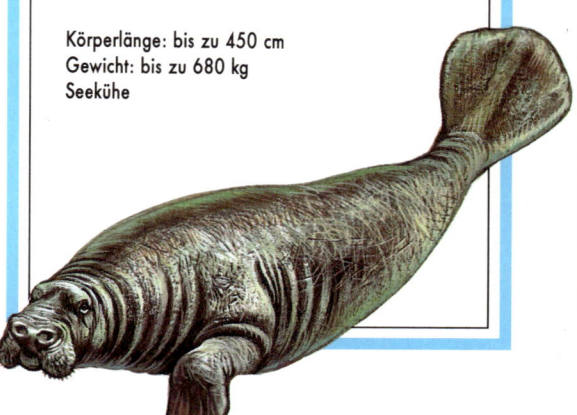

Amerikanischer Schlangenhalsvogel
Anhinga anhinga

Der Ruderfüßer ist von den Vereinigten Staaten bis nach Nordargentinien anzutreffen. Er bewohnt Sümpfe, Seen mit dichter Ufervegetation und Mangrovenwälder. Der lange Hals ist ihm beim Jagen unter Wasser sehr nützlich. Wenn er einen Fisch bemerkt, schnellt der Vogel seinen Hals blitzschnell vor, um die Beute mit seinem spitzen Schnabel aufzuspießen. Schließlich wird der Fisch in die Luft geworfen und verschlungen.

Körperlänge: 90 cm
Ruderfüßer

Körperlänge: etwa 24 cm
Barschartige

Schützenfisch
Toxotes jaculator

Schützenfische sind in den Küstengewässern und Fluß-mündungen Südostasiens beheimatet. Ihren Namen verdanken sie der ungewöhnlichen Methode, mit der sie vom Wasser aus Luftinsekten jagen. Dazu kommen die Schützenfische bis nahe unter die Wasseroberfläche. Mit ihren scharfen Augen erkennen sie sofort, ob sich ein Insekt beispielsweise auf einem Blatt niedergelassen hat. Ist das der Fall, so schießen sie es mit einem Wasser-strahl aus ihrem Mund richtiggehend ab. Die Beute fällt ins Wasser und wird sofort verschlungen.

Nilkrokodil
Crocodylus niloticus

Das Nilkrokodil bewohnte einst ganz Afrika. Wegen star-ker Bejagung findet man es heute jedoch nur noch selten in Sumpfgebieten, Seen und Flüssen. Wie die meisten Kro-kodile liegt es stundenlang am Ufer in der Sonne. Wenn die Tiere am Abend zum Trin-ken ans Wasser kommen, lau-ert es dort bereits. Es ernährt sich von Beutetieren aller Art. Das Weibchen legt 30–90 Eier in den Sand, die es bis zum Schlüpfen der Jun-gen bewacht.

Körperlänge: bis zu 700 cm
Gewicht: bis zu 1000 kg
Krokodile

Körperlänge: 80 cm
Schuppenkriechtiere

Hehnbasilisk
Basiliscus basiliscus

Der Basilisk lebt an den Flüssen Mittelamerikas. Er hält sich gerne im Geäst der Bäume auf, ist aber auch auf der Erde ein schneller Läufer und kann sich sogar auf der Wasseroberfläche flink fortbewegen. Seine Nahrung besteht aus Insekten und Früchten.

Paca
Agouti sp.

Pacas leben in Mittel- und Südamerika an Flußufern. Die Pflanzenfresser können gut schwimmen und sich am Grund des Gewässers fortbewegen.

Körperlänge: 60–80 cm
Schwanz: 2–3 cm
Gewicht: 6,3–10 kg
Nagetiere

Krokodilkaiman (Brillenkaiman)
Caiman crocodilus

Der Krokodilkaiman ist von Mittelamerika bis ins Innere Südamerikas anzutreffen. Er hält sich gerne an großen, langsam fließenden Süßgewässern mit schlam-migem Boden und weichen Sandbänken auf. Das Weib-chen häuft am Ufer verrottende Pflanzenteile an und legt dann dort 25–40 Eier ab. Der überaus scheue Kro-kodilkaiman ist keine Gefahr für den Menschen.

Körperlänge: 260 cm
Krokodile

Körperlänge: bis zu 700 cm
Krokodile

Kampffisch
Betta splendens

Der Kampffisch ist in stehenden Süßgewässern Thailands beheimatet. Seinen Namen verdankt er den Zweikämpfen der rivalisierenden Männchen. Aus Luft und einem Schleimsekret baut das Männchen ein Schaumnest. Dort legt das Weibchen die Eier ab.

Körperlänge: 6,5 cm
Ährenfischartige

Ganges-Gavial
Gavialis gangeticus

Der Ganges-Gavial war in den südasiatischen Flüssen einmal sehr verbreitet. Da man aber intensiv Jagd auf ihn machte, ist er selten geworden und nur noch in einem kleinen Teil seines ursprünglichen Lebensbereiches anzutreffen. Er bevorzugt tiefe, strömende Wasser und entfernt sich nur höchst ungern von dort. An Land bewegt er sich langsam und unbeholfen. Seine Nahrung besteht in erster Linie aus Fischen und Fröschen, die er mit seiner auffallend langen Schnauze hervorragend greifen kann. Am Ufer legt das Weibchen in einer Grube 20–80 Eier ab. Die Mutter bewacht die Brut bis zum Schlüpfen der Jungen nach über 2 Monaten.

Körperlänge: bis zu 35 cm
Karpfenähnliche Fische

Körperlänge: 40 cm
Stelzvögel

Kuhreiher
Ardeola ibis

Unter den vielen Reiherarten ist der Kuhreiher am wenigsten ans Wasser gebunden. Man trifft ihn oft auf trockenen Weideflächen von Rindern, Elefanten und Nashörnern an. Denn diese großen Tiere scheuchen die Insekten vom Boden auf und verschaffen ihm damit leichte Beute.

Piranha
Serrasalmus piraya

Die gefürchteten Raubfische sind in den südamerikanischen Süßgewässern anzutreffen. Sie haben sehr scharfe Zähne und fallen in Schwärmen über ihr Opfer her.

Körperlänge: etwa 200–400 cm
Gewicht: bis zu 186 kg
Knochenzüngler

Arapaima
Arapaima gigas

Der Arapaima ist einer der größten Süßwasserfische unserer Erde und lebt im südamerikanischen Amazonasgebiet. Er atmet nicht nur durch Kiemen, sondern verfügt auch über die Fähigkeit, mit Hilfe seiner Schwimmblase atmosphärische Luft zu atmen. Der Arapaima ist ein Fischjäger und meidet fischarme Gewässer. Das Weibchen legt seinen Laich auf pflanzenfreien Plätzen ab. Die Jungen werden im geschlossenen Schwarm vom Männchen geführt.

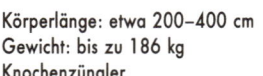

Waldhund
Speothos venaticus

Der nachtaktive Waldhund ist ein Bewohner mittel- und südamerikanischer Wälder und Baumsteppen, lebt aber auch an den großen mittel- und südamerikanischen Strömen. Dort jagt er auch größere Tiere, etwa Pacas und Wasserschweine. Der geschickte Schwimmer kann seine Beute auch unter Wasser fassen.

Körperlänge: 66 cm
Schwanz: 12–15 cm
Gewicht: 5–7 kg
Raubtiere

Ganges-Delphin
Platanista gangetica

Dieser Flußdelphin lebt in den indischen Strömen Ganges und Indus. Er hat sehr kleine Augen, die ihm in dem trüben Wasser kaum nützen, und orientiert sich an akustischen Signalen. Er lebt als Einzelgänger oder paarweise und gründelt im Schlamm nach Fischen und Krebsen.

Körperlänge: bis zu 180 cm
Gewicht: 35–70 kg
Wale

Körperlänge: etwa 65 cm
Stelzvögel

Heiliger Ibis
Threskiornis aethiopica

Der Heilige Ibis war früher in Ägypten weit verbreitet, heute trifft man ihn auf dem afrikanischen Kontinent jedoch nur noch südlich der Sahara an. Er hält sich gerne an Wasserläufen auf, wo er sich von Wassertieren ernährt. Oft lebt er in Gesellschaft von Reihern und Störchen.

Körperlänge: bis zu 600 cm
Krokodile

Mississippi-Alligator
Alligator mississippiensis

Der im Südosten der Vereinigten Staaten beheimatete Mississippi-Alligator steht heute unter Naturschutz. Dieser gefräßige Räuber verschlingt Wassertiere aller Art, aber auch Säugetiere und Vögel, die in seine Nähe kommen. Das Weibchen legt 20–70 Eier in ein Nest aus Sumpfpflanzen und läßt es bis zum Schlüpfen der Jungen nicht mehr aus den Augen.

Wasserbüffel
Bubalus arnee

Der Wasserbüffel ist in Süd- und Südostasien zu Hause. Als Haustier setzt man ihn beim Reisanbau ein. Die Pflanzenfresser benötigen unbedingt die Nähe des Wassers, um stundenlang darin zu baden oder sich im Schlamm zu suhlen.

Körperlänge: 240–300 cm
Schwanz: 60–100 cm
Gewicht: 700–1000 kg
Paarhufer

Körperlänge: bis zu 130 cm
Schwanzansatz
Gewicht: bis zu 50 kg
Nagetiere

Wasserschwein
Hydrochoerus hydrochaeris

Der Pflanzenfresser bewohnt Südamerika und hält sich an Flußläufen mit dichter Vegetation auf.

Purpurhuhn
Porphyrio porphyrio

Das in den Mittelmeerländern, am Kaspischen Meer und in Vorderasien heimische Purpurhuhn bevorzugt Feuchtgebiete mit dichtem Pflanzenwuchs.

Körperlänge: 45 cm
Kranichvögel

Anakonda
Eunectes murinus

Die wahrscheinlich längste Schlange, die es auf der Erde gibt, lebt an den großen Wasserläufen im südamerikanischen Amazonasgebiet. Die gute Schwimmerin hält sich häufig im Wasser auf, sonnt sich aber auch gerne am Ufer. Sogar so große Tiere wie die Wasserschweine werden von ihr umschlungen und erwürgt.

Körperlänge: 800–900 cm
Schuppenkriechtiere

Körperlänge: 120 cm
Stelzvögel

Schuhschnabel
Balaeniceps rex

Der tagaktive Schuhschnabel lebt als Einzelgänger in Sumpfgebieten mit dichter Vegetation, vor allem inmitten von Papyruspflanzen. Er ernährt sich von Fischen, läßt sich aber auch Frösche und Schnecken schmecken. Sein Nest ist eine flache Plattform aus Halmen im Ried oder Papyrus. Das Weibchen legt dort gewöhnlich 2 Eier ab, die von beiden Eltern ausgebrütet werden.

Sitatunga
(Sumpfantilope, Sumpfbock, Wasserkudu)
Tragelaphus spekei

Sitatungas sind im tropischen Afrika beheimatet. Sie haben lange, spitze Hufe, die sie weit spreizen können. Dadurch wird ihnen das Laufen auf dem weichen, morastigen Boden erheblich erleichtert. Wasserpflanzen, Schilf und Papyrus gehören zur Hauptnahrung dieser Sumpfläufer.

Körperlänge: 115–170 cm
Schwanz: 35–40 cm
Paarhufer

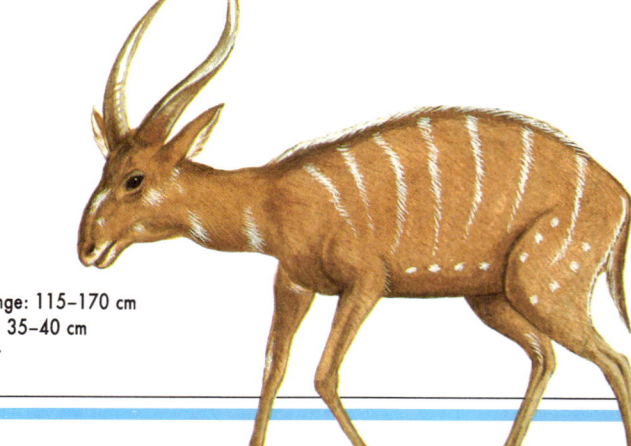

Fransenschildkröte
Chelus fimbriatus

Diese Süßwasserschildkröte lebt in Venezuela, Guyana und Brasilien. Gut getarnt, lauert sie am Grunde des Gewässers. Schwimmt ein Fisch an ihr vorbei, reißt sie ihr Maul auf und verschlingt ihn.

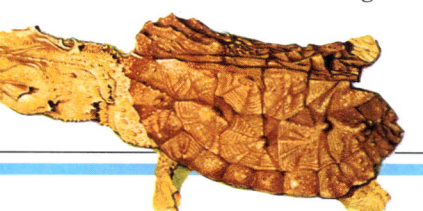

Körperlänge: 20–40 cm
Schildkröten

Körperlänge:
10 cm
Barschartige

Mangrove-Schlammspringer
Periophthalmus koelreuteri

Dieser Fisch lebt an den Küsten des Indischen Ozeans und hält sich oft außerhalb des Wassers auf. An Land bewegt er sich dank seiner Brustflossen hüpfend fort und kann sogar auf Mangrovebäume klettern.

Saruskranich
Grus antigone

Der Saruskranich ist in den Feuchtgebieten Südasiens beheimatet und ernährt sich sowohl von Pflanzen als auch von Insekten, Schnecken und kleinen Wirbeltieren. Er lebt in großen Schwärmen, von denen er sich nur während der Brutzeit trennt. Kraniche können außerordentlich laut rufen. So kann man zur Brut- und Zugzeit ihre schmetternden Trompetenrufe kilometerweit hören.

Körperlänge: 150 cm
Kranichvögel

Kormoran
Phalacrocorax carbo

Der Kormoran ist auf allen Erdteilen anzutreffen. Kormorane leben am Wasser und ernähren sich von Fischen. Zum Fischfang tauchen sie bis in eine Tiefe von 3 m.

Körperlänge: 90 cm
Ruderfüßer

Flußpferd
Hippopotamus amphibius

Das volkstümlich auch „Nilpferd" genannte Tier lebt in afrikanischen Flüssen südlich der Sahara. Es hält sich tagsüber ausschließlich im Wasser auf und kommt erst am Abend an Land, um auf Nahrungssuche zu gehen. Nilpferde sind reine Pflanzenfresser und leben in großen Gruppen, in deren Mittelpunkt Weibchen und Junge stehen. Diese werden im Wasser geboren und können sofort schwimmen. Die männlichen Tiere liefern sich mit ihren gewaltigen Stoßzähnen am Unterkiefer bisweilen blutige Zweikämpfe.

Körperlänge: bis zu 450 cm
Schwanz: 50 cm
Gewicht: bis zu 3200 kg
Paarhufer

Das Meer

Das Meer bedeckt heute rund 71 Prozent der Erdoberfläche. Es beherbergt eine unvorstellbare Vielfalt an Pflanzen und Tieren und dient dem Menschen seit jeher als unerschöpfliche Nahrungsquelle. In jüngerer Zeit mißbraucht er es allerdings auch als Müllkippe. Die Meeresverschmutzung macht den Bewohnern der Meere zunehmend zu schaffen, und der Mensch muß

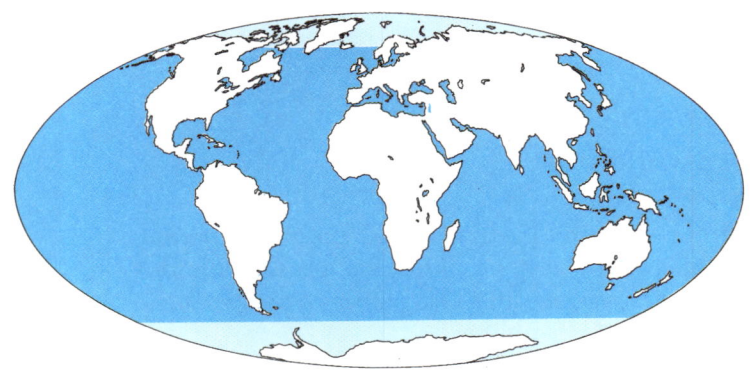

Sorge tragen, daß er diesen einzigartigen Lebensraum nicht unwiederbringlich zerstört.

Für den Menschen als Landbewohner ist es nicht ganz einfach, sich das Meer als die Wiege des Lebens vorzustellen, aus der vor über 300 Millionen Jahren die ersten Pflanzen und Tiere hervor-

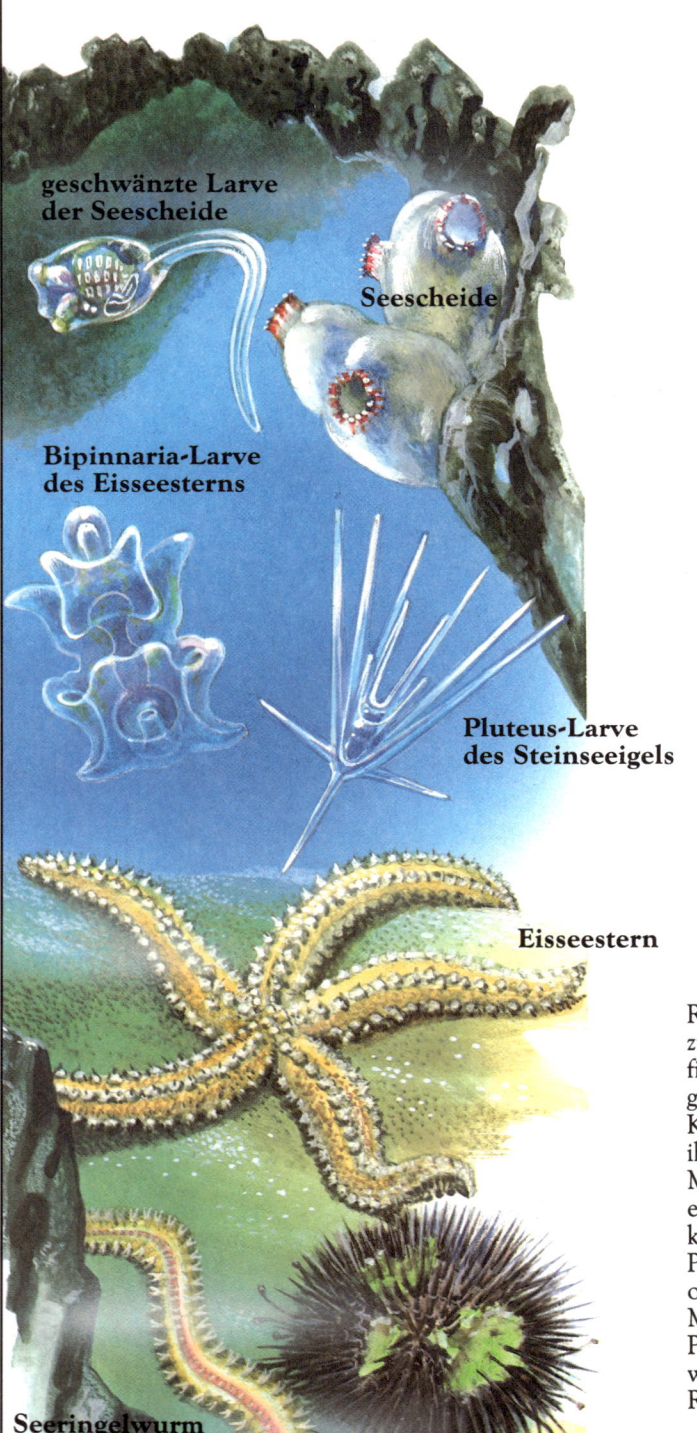

geschwänzte Larve der Seescheide

Seescheide

Bipinnaria-Larve des Eisseesterns

Pluteus-Larve des Steinseeigels

Eisseestern

Seeringelwurm

Steinseeigel

Links: In den oberen Bereichen des Meeres lebt eine unendliche Vielzahl kleiner Organismen, die Plankton genannt werden. Mit Ausnahme einiger größerer Arten, etwa der Quallen, sind sie mit dem bloßen Auge meist nicht sichtbar. Bei vielen dieser Planktontiere handelt es sich um Larven von Fischen oder von wirbellosen Tieren, die als Erwachsene am Meeresgrund leben. Meist unterscheiden sich diese Larven vollkommen von den ausgewachsenen Tieren. Dies trifft beispielsweise für die Seescheiden, die Bipinnaria-Larven der Seesterne und die Pluteus-Larven der Seeigel zu.

Rechts: Auf einem Strandspaziergang kann man viele Muscheln finden. Die meisten von ihnen gehören zu Weichtieren, die in Küstennähe beheimatet sind. An ihrer Mundöffnung sind die Meerschnecken mit der Radula, einer Art Raspel, ausgerüstet. Damit können sie Algen oder andere Pflanzen von den Felsen abschaben oder auch Einzeller zerkleinern. Manche Schnecken, etwa die Purpurschnecke, sind Räuber, während sich andere von den Resten toter Kleintiere ernähren.

Pelikanfuß

Purpurschneck

Gibbula

Kreiselschneck

Hornschnecke

Strandschnecke

Küstenseeschwalbe

Silbermöwe

Austern-fischer

An den Strand gespülte Meerestiere sind für die Küstenvögel eine willkommene Mahlzeit. Die Möwen betätigen sich dabei oft als Reinigungsdienst. Andere Vögel ziehen es dagegen vor, im Wasser nach lebender Beute zu jagen. So sucht beispielsweise der Austernfischer mit seinem langen Schnabel im niedrigen Wasser nach Krebsen und Weichtieren. Was die Seeschwalben betrifft, so ist deren spitzer Schnabel vor allem zum Fischfang geeignet. Mit voller Geschwindigkeit stürzen sie herab und holen sich ihre zappelnde Beute aus dem Wasser.

es andere, die von den Wellen und Strömungen fortgetragen werden und keinen Einfluß auf die Richtung haben. Zur ersten Gruppe gehören vor allem Fische und Wale, aber auch Weichtiere, etwa Kalmaren, Tintenfische und ähnliche. Die zweite Gruppe besteht aus den teilweise mikroskopisch kleinen Planktontieren. Dazu gehören Eier und Larven der verschiedensten Meeresbewohner (Fische, Medusen, kleine Krebse und ähnliche).

Viele der festsitzenden Tiere schlüpfen aus winzigen Eiern und verbringen die ersten Tage und Wochen ihres Lebens als Planktonlarve freischwebend im Wasser, bevor sie sich am Meeresgrund in eine Miesmuschel, einen Schwamm oder einen Seeigel verwandeln. Diese kurze Zeit des Wanderlebens ermöglicht es den Larven, sich über das Wasser zu verteilen, wozu die unbeweglichen Eltern nicht in der Lage sind. So wird die Gefahr einer einseitigen Besiedelung des Meeresgrunds vermieden.

Eine einzige Auster kann im Laufe ihres Lebens Millionen von Eiern produzieren. Davon findet

gingen. Auch heute noch leben im Meer die Vertreter aller wichtigen zoologischen Gruppen, und einige von ihnen haben dort auch ihren ausschließlichen Lebensbereich.

Will man eine kurze Reise durch die Welt der Meerestiere unternehmen, sollte man zunächst ganz genau zwischen zwei großen Bereichen unterscheiden: Tiefsee oder Meeresgrund und offenes Meer oder Hochsee.

Der Meeresgrund wird auf verschiedene Art und Weise bewohnt. Es gibt festsitzende Tiere, etwa Austern, Schwämme und Korallen, die unbeweglich an Steinen oder ähnlichen festen Körpern haften. Andere, beispielsweise Seesterne, bewegen sich ganz langsam über den Meeresboden. Schließlich sind da noch viele Krebse und Würmer, die in den oberen Sand- oder Schlammschichten leben.

Auch bei den Bewohnern des offenen Meeres ist eine Unterscheidung notwendig. Neben aktiven Tieren, die selbst ihren Weg bestimmen, gibt

Der Tintenfisch (Sepia) hält sich gerne in großen Tiefen auf, wo er seine Nahrung findet. Mit den typischen Rückstoßbewegungen schwimmt er gewandt durch das Wasser. Die lange Flosse, die beide Seiten seines Körpers umgibt, hilft ihm, die gewünschte Richtung beizubehalten. Das Sepiaweibchen legt sehr große Eier, die es in Trauben an den Unterwasserpflanzen befestigt. Bei bewegtem Meer wird dieser Tintenfischlaich oft an den Strand gespült. Volkstümlich nennt man ihn „Meerestrauben", wobei die schwärzlichen „Beeren" einen Durchmesser von bis zu 1 cm haben können.

Eier des Tintenfisches

jedoch nur eine ganz geringe Anzahl einen geeigneten Ort, um sich niederzulassen; denn auf dem Meeresgrund herrscht ein beständiger Kampf um den Lebensraum.

Zweifellos ist es schwer vorstellbar, wie sich so unbewegliche Lebewesen wie Austern oder Schwämme überhaupt mit Nahrung versorgen

Teleskopfisch

Silberbeil

Eine ungewöhnliche Gemeinschaft besteht zwischen den großen Staatsquallen und den Quallenfischen. Letztere bewegen sich ungestört zwischen den langen Tentakeln oder Fangfäden der Räuberin und bleiben im Gegensatz zu anderen Fischen völlig unbehelligt.

Tiefseefische sind gewöhnlich sehr leicht zu erkennen. Sie haben ein großes, oft riesiges Maul, damit ihnen in der dunklen und wenig belebten Tiefsee auch nicht der geringste Bissen entgeht. Ihre Augen sind ebenfalls groß und hervortretend. So können

sie das schwache Licht wahrnehmen, das von den Leuchtorganen mancher Tiefseetiere erzeugt wird, darunter Garnelen und verschiedene Fische, etwa die Silberbeile. Gelegentlich finden sich bei Tiefseefischen auch fühlerartige Fortsätze.

können: Durch eine natürliche oder von den Tieren selbst erzeugte Strömung werden winzige im Wasser enthaltene Organismen der Mundöffnung zugeführt und dann im Körper ausgesiebt.

Jedes Tier hat natürlich seine eigene Methode, nach der es die Strömung erzeugt und das Wasser siebt. Die Austern beispielsweise verwenden dazu ihre Kiemen, während der Spirographis, ein eleganter röhrenförmiger Wurm mit dem Aussehen einer Blume, dazu die langen, spiralförmigen Fortsätze an seiner Mundöffnung benutzt.

Im Wasser herrschen andere Voraussetzungen als an Land, und viele Körperfunktionen der Meeresbewohner sind unkomplizierter als diejenigen der Landtiere, beispielsweise das Atmen oder die Fortbewegung.

Zahlreiche kleine Wassertiere atmen nicht durch Kiemen, sondern ganz einfach durch die Wände ihres Körpers. Was die Fortbewegung

betrifft, sollten wir uns daran erinnern, daß sich im Wasser das Gewicht der Tiere – zumindest wenn diese keine Muschelschalen oder schweres Knochengerüst besitzen – praktisch auf Null verringert. Deshalb können im Meer so zarte und empfindliche Tiere existieren wie die Medusen, die auf dem Trockenen sofort von ihrem eigenen Körpergewicht erdrückt würden. Und das ist auch der Grund, weshalb im Meer das größte Lebewesen unserer Erde anzutreffen ist: der Blauwal.

Eine eigenartige Fortbewegungsmethode haben die Kopffüßer, beispielsweise die Kalmaren und Tintenfische. Sie besitzen eine Art Trichter, durch den das Wasser aus der Kiemenhöhle mit einem gewissen Druck austritt. Und durch den dadurch entstehenden Rückstoß kann sich das Tier fortbewegen.

Ebenso wie auf dem Land, so gibt es auch im Meer begünstigte Zonen mit einer vielfältigen

Segelqualle

Floßschnecke

Sowohl die Staatsqualle (Physalia) als auch die Segelqualle (Velella) sind durchscheinende schwimmende Organismen. Beide haben ein Segel und sind mit den Quallen verwandt.
An der Meeresoberfläche lebt die eigenartige Janthina oder Floßschnecke. Sie schwimmt auf einem bläschenartigen Schaum, den sie selbst produziert.

Dunkelheit angepaßt haben. Die Fische sind mit riesigen Mäulern und vorzüglichen Zähnen ausgerüstet. Manche dieser Meeresbewohner haben außerdem fühlerartige Fortsätze. Zudem sind viele Tiefseetiere, Fische wie Krebse, mit eigenen Leuchtorganen ausgestattet. Ihre meist sehr großen Augen helfen ihnen dabei, sich in der dunklen Tiefe besser zurechtzufinden.

Dank der Leuchtorgane verschiedener Tiefseebewohner wird die schwarze Nacht auf dem Meeresgrund von Zeit zu Zeit ein wenig erhellt, und ein schwacher Lichtschein fällt auf die merkwürdigsten Gestalten, die wie Fabeltiere oder Wesen aus anderen Zeiten und Welten anmuten.

Tierwelt und andere, in denen unter sehr schwierigen Bedingungen nur wenige Tierarten leben können.

In algen- und planktonreichen Küstengewässern und im warmen, flachen Wasser der Lagunen herrscht oft reges Leben. Kein Bereich des Meeres ist jedoch mit den Korallenbänken vergleichbar. Dort trifft man eine wirklich einzigartige Vielfalt farbenprächtiger Fische und ungewöhnlicher Meeresbewohner mit den bizarrsten Formen und Mustern an.

Ganz anders sieht es dagegen in den Tiefengewässern aus. Durch den Lichtmangel ist ein Pflanzenwachstum so gut wie unmöglich. Deshalb sind die Tiere der Tiefsee darauf angewiesen, daß aus den oberen lichtdurchfluteten Schichten Nahrung zu ihnen in die Tiefe gelangt.

Überaus bemerkenswert ist jedoch, wie sich die einzelnen Tiefenbewohner an das Leben in der

Der gefürchtetste Meeresräuber ist zweifellos der Schwertwal oder Raubwal, der in allen Weltmeeren anzutreffen ist. Er lebt in größeren Gruppen, deren Mitglieder gemeinsam auf die Jagd gehen. Ihre Opfer sind meist Robben, aber bisweilen auch andere Wale. Der Raubwal kann bis zu 10 m lang und bis zu 8 t schwer werden. Auf seinen Streifzügen durch die Ozeane erreicht der Raubwal eine Geschwindigkeit von 45 Stundenkilometern.

Miesmuschel
Mytilus edulis

Nach einer kurzen Zeit, in der sie sich als winzige durchsichtige Larve frei schwebend im Meer bewegt, heftet sich die Miesmuschel mit den feinen, aber kräftigen Byssusfäden an einen festen Untergrund, etwa einen Stein oder Pfahl. Sie ernährt sich von winzigen Organismen, die sie durch ihre Kiemen aus dem Wasser filtert.

Körperlänge: 8–10 cm
Muscheln

Badeschwamm
Spongia officinalis

Auch der Schwamm ist ein Tier. Sein poröser Körper wird von einer elastischen Faserstruktur gestützt und ständig von Wasser durchspült, das ihn mit Nahrung versorgt.

Durchmesser: 10–20 cm
Schwämme

Violetter Seeigel
Sphaerechinus granularis

Durch seine Stacheln und das feste Kalkskelett ist der Seeigel gut geschützt. Er bewegt sich langsam über den felsigen Meeresgrund und sucht dort nach pflanzlicher und tierischer Nahrung. Seine ersten Lebenswochen verbringt der Seeigel als durchsichtige Pluteus-Larve im Plankton schwebend im Wasser.

Durchmesser: 12 cm
Seeigel

Mittelmeer-Haarstern
Antedon mediterranea

Haarsterne saugen sich am Meeresgrund fest und ernähren sich von Plankton, das sie durch die Bewegung der Arme in ihre Mundöffnung leiten.

Durchmesser: 15 cm
Haarsterne

Gewöhnliche Meeräsche
Mugil cephalus

Die gestreifte Meeräsche ist in allen Weltmeeren verbreitet und kann sich auch an das Leben im Brackwasser der Küstenlagunen anpassen. Sie ist eine wendige Schwimmerin, die oft weite Sprünge über das Wasser macht. Sie ernährt sich von Algen und kleinen wirbellosen Tieren, verschlingt aber auch beträchtliche Mengen von Schlamm, aus dem sie sich Nährstoffe herausfiltert.

Körperlänge: bis zu 70 cm
Gewicht: bis zu 6 kg
Barschartige

Seebarsch
Dicentrarchus lupus

Der Seebarsch lebt im Mittelmeer, im Schwarzen Meer und an den Küsten des Nordatlantiks. Er ist ein gefräßiger Räuber, der geringe Tiefen bevorzugt und auch ins Brackwasser kommt.

Körperlänge: 40–70 cm,
maximal 100 cm
Gewicht: bis zu 12 kg
Barschartige

Gefleckter Zitterrochen
Torpedo torpedo

Der Zitterrochen ist im Mittelmeer und im Ostatlantik anzutreffen. Der Bodenbewohner lebt in einer Tiefe bis zu 200 m auf dem Meeresgrund. Er besitzt die ungewöhnliche Fähigkeit, bis zu 200 Volt starke Stromschläge auszuteilen. Zu diesem Zweck verfügt er über zwei große elektrische Organe, die er zur Lähmung von Beutetieren, aber auch zur Verteidigung benutzt. Im Körper des Mutterfisches können sich bis zu 20 junge Zitterrochen entwickeln.

Körperlänge: 60 cm
Rochenartige

Languste
Palinurus vulgaris

Die Languste lebt auf felsigen Untergründen im Mittelmeer und Nordatlantik gerne in mittleren Tiefen zwischen 50 und 500 m. Sie pflanzt sich im Herbst und Winter fort. Das Weibchen gibt zahllose Eier ab, aus denen flache, durchsichtige Larven schlüpfen. Diese haben ein vollkommen anderes Aussehen als das ausgewachsene Tier. Langusten ernähren sich von Muscheln, Schnecken und ähnlichen Meeresbewohnern. Im Gegensatz zu anderen Krebsen fehlen ihnen die charakteristischen Scheren. Ihr Fleisch wird von Feinschmeckern sehr geschätzt.

Körperlänge: bis zu 45 cm
Zehnfüßige Krebse

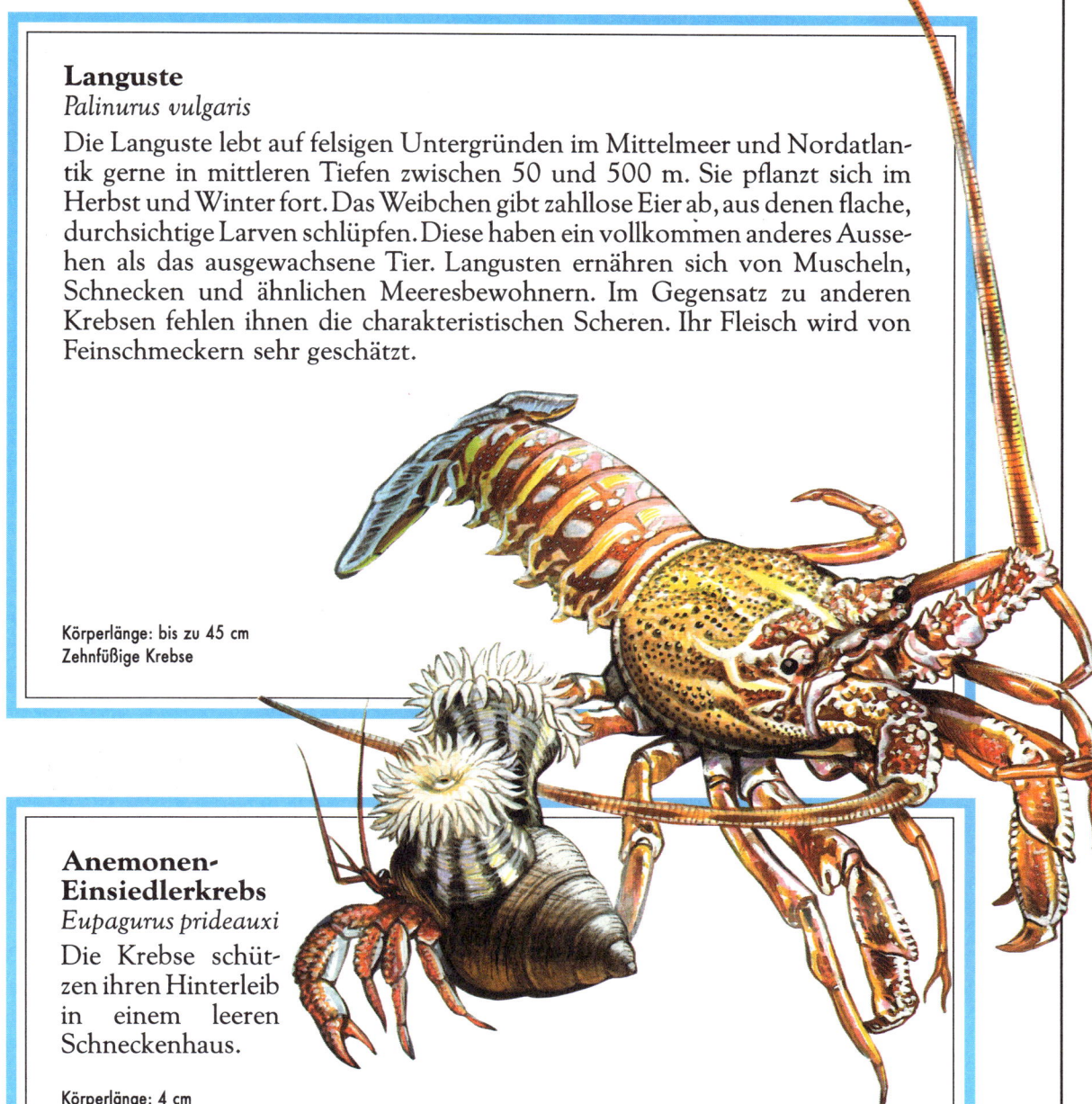

Anemonen-Einsiedlerkrebs
Eupagurus prideauxi

Die Krebse schützen ihren Hinterleib in einem leeren Schneckenhaus.

Körperlänge: 4 cm
Zehnfüßige Krebse

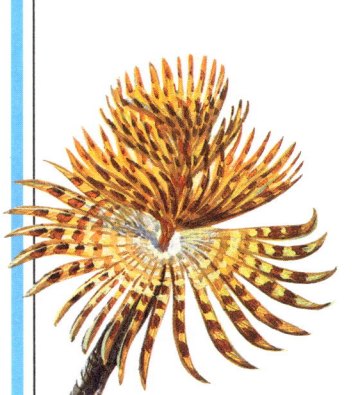

Spirographis spallanzanii
Spirographis spallanzanii

Dieser Wurm lebt in einer biegsamen Röhre, die senkrecht im Sand steckt. Die Tentakeln an der Mundöffnung des Wurmes führen ihm seine Nahrung zu.

Körperlänge: bis zu 30 cm
Vielborster

Sardelle
Engraulis enchrasicolus

Der kleine Schwarmfisch ist im Nordatlantik und im Mittelmeer zu Hause. Vor allem im Frühjahr und im Sommer besucht er gerne die Küstengewässer. Sardellen ernähren sich von kleinen Krebsen und Planktontieren aller Art und sind für die Fischerei von Bedeutung.

Körperlänge: 20 cm
Heringsfische

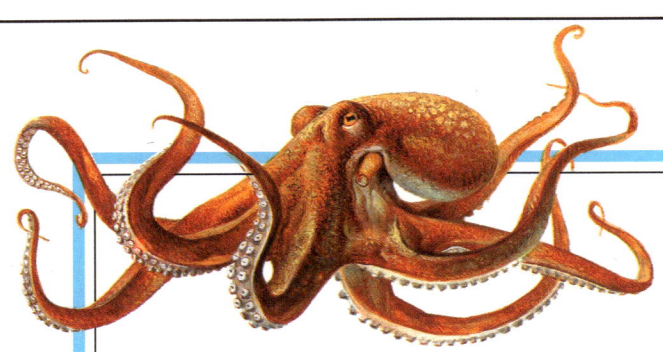

Körperlänge:
bis zu 20 m
Gewicht:
bis zu 50 t
Wale

Gemeiner Krake
Octopus vulgaris

Kraken sind in den felsigen Küstengewässern aller Weltmeere anzutreffen. Tagsüber verbergen sie sich in einem Versteck, aus dem sie erst nachts hervorkommen. Dann gehen sie auf Nahrungssuche. Der achtarmige Tintenfisch bevorzugt Krabben, deren Panzer er leicht zerbeißt. Wie alle Tintenfische sondert auch die Krake bei Gefahr eine dunkle Flüssigkeit ab. Das weibliche Tier legt zahlreiche Eier von beträchtlicher Größe. Die ausschlüpfenden Jungen haben bereits eine große Ähnlichkeit mit den ausgewachsenen Tieren.

Körperlänge: bis zu 300 cm
Kraken

Pottwal
Physeter catodon

Der Pottwal ist der größte Vertreter der Zahnwale. Er ist in allen Weltmeeren anzutreffen, bevorzugt aber warme und gemäßigte Breiten. Der Meeresriese lebt gesellig in großen Schwärmen mit bis zu 100 Mitgliedern. Er kann bis zu 1000 m tief tauchen, muß aber nach etwa 1 Stunde wieder an der Oberfläche Luft holen. Im Gegensatz zu anderen Walen bläst der Pottwal die Atemluft schräg nach vorne aus. Als Nahrung bevorzugt er Riesenkraken. Das Junge ist bei seiner Geburt schon 3–5,5 m lang ist. Obwohl die Wale heute zu den überaus gefährdeten Tieren gehören, schicken einige Länder immer noch ihre Fangflotten über die Ozeane.

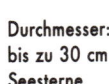

Purpurstern
Echinaster sepositus

Der langsam über den Meeresgrund wandernde Seestern ist ein gefürchteter Räuber. Zu seinen Opfern zählen die verschiedensten Muschelarten. Er saugt sich an ihrer Schale fest und zieht die beiden Hälften auseinander. Dann frißt er seine Beute auf.

Durchmesser:
bis zu 30 cm
Seesterne

Körperlänge: bis zu 38 cm
Barschartige

Küstensauger
Remora remora

Dieser Hochseefisch ist in allen Weltmeeren verbreitet. Mit den Säugnäpfen am Rücken und am Kopf klammert er sich an Schildkröten, Haie und Mondfische und ernährt sich von deren Parasiten, aber auch von kleinen Planktontieren.

Mondfisch
Mola mola

Diesen Fisch kann man in allen Ozeanen antreffen. Oft läßt er sich an der Wasseroberfläche treiben und liegt dabei auf einer Seite seines Körpers.

Körperlänge: bis zu 300 cm
Gewicht: bis zu 900 kg
Haftkiefer

Pferdeaktinie
Actinia equinia

Durchmesser: 4–7 cm
Seerosen

Die auch im Mittelmeer bekannte Pferdeaktinie gehört zu den Seerosen. Ihre Mundöffnung ist von zahlreichen Fangarmen umgeben, die mit Nesseln bedeckt sind.

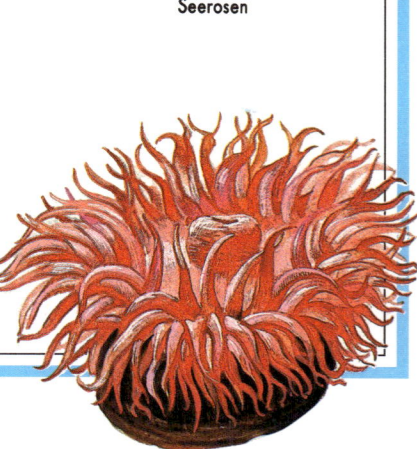

Höhe: 0,5–2 cm
Rankenfüßer

Seepocke
Balanus sp.

Die Entwicklung dieser merkwürdigen Krebsart beginnt im Meer als winzige Larve, die mit Beinen und Fühlern ausgestattet ist. Aber dann macht sie eine außergewöhnliche Verwandlung durch und wird zu einem unbeweglichen Panzertier, das in einer Art Turm lebt. Dieser sitzt fest an einem Stein oder einem anderen harten Gegenstand unter Wasser.

Körperlänge: bis zu 700 cm
Gewicht: bis zu 2000 kg
Rochenartige

Manta (Teufelsrochen)
Manto birostris

Der Manta ist der Riese unter den Rochen. Man trifft ihn in allen tropischen Meeren an. Trotz seines gefährlichen Aussehens ist er kein Räuber, sondern ein friedlicher Planktonfresser. Gewöhnlich bewegt er sich langsam durch die Fluten, kann aber mit Hilfe seiner flügelartigen Flanken auch eine beachtliche Geschwindigkeit erzielen und weite Sprünge machen.

Strandkrabbe
Carcinus moenas

An den Küsten des Mittelmeers und des Atlantiks sind diese Krabben im sandigen oder schlammigen Untergrund beheimatet und auch oft in den Gezeitenzonen anzutreffen. Die Weibchen halten ihre Eier mit Fortsätzen unter dem Hinterleib fest.

Körperlänge: 4 cm
Zehnfüßige Krebse

Fächerfisch
Istiophorus orientalis

Diese Hochseefische leben oft in kleinen Schwärmen und sind vor allem in den gemäßigten und warmen Meeren anzutreffen. Die schnellen Schwimmer können auch weit über das Wasser springen.

Körperlänge: 350 cm
Gewicht: 100 kg
Barschartige

Hammerhai
Sphyrna mokkaran

Der Hammerhai ist in allen warmen Meeren sowohl in der Hochsee als auch in Küstennähe anzutreffen. Der angriffslustige Hai kann auch dem Menschen gefährlich werden. Er ernährt sich von Fischen und Tintenfischen. Hammerhaie bringen 10–40 lebende Junge zur Welt, die bei ihrer Geburt bereits bis zu 50 cm lang sind.

Körperlänge: bis zu 550 cm
Gewicht: bis zu 800 kg
Haie

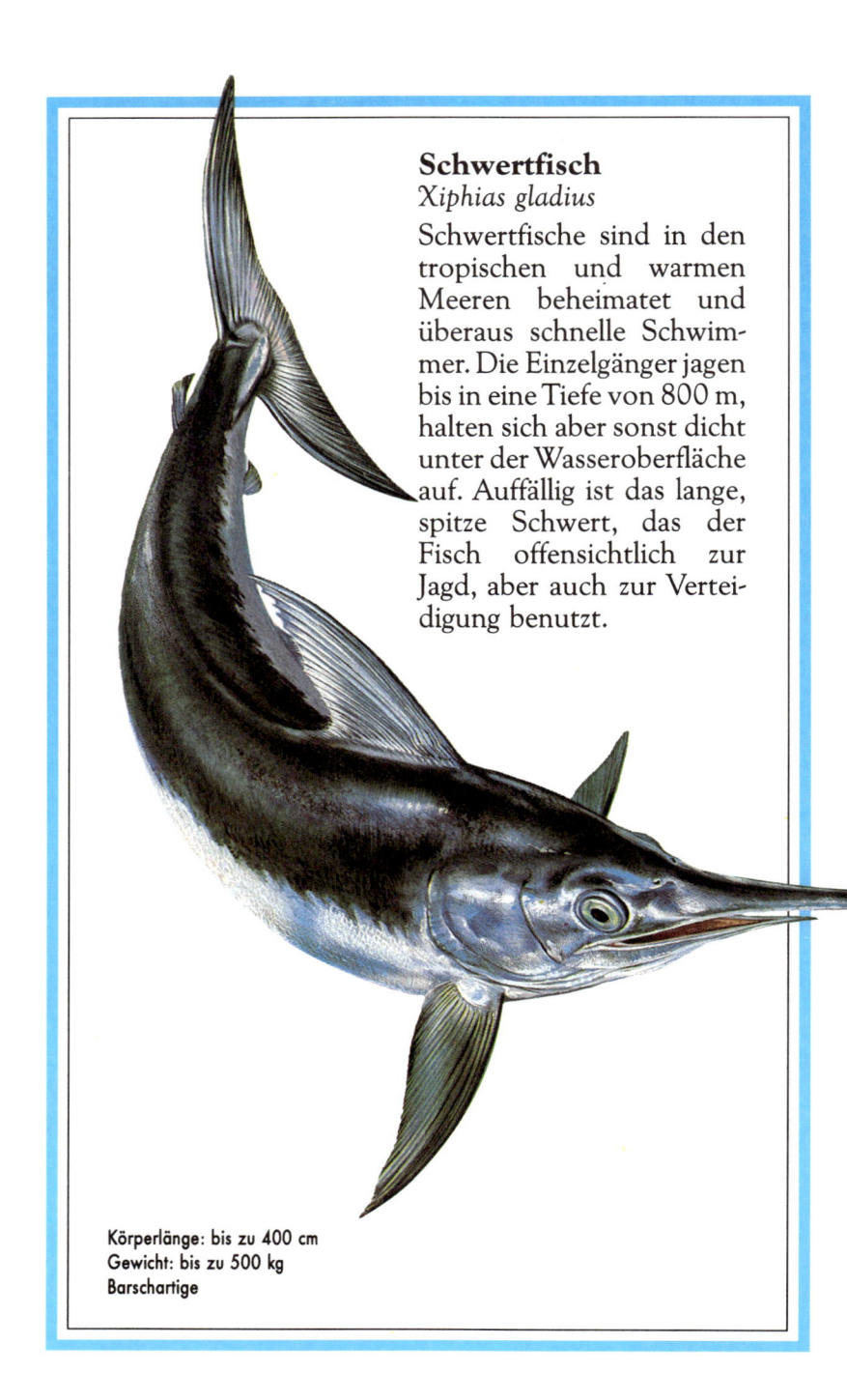

Schwertfisch
Xiphias gladius

Schwertfische sind in den tropischen und warmen Meeren beheimatet und überaus schnelle Schwimmer. Die Einzelgänger jagen bis in eine Tiefe von 800 m, halten sich aber sonst dicht unter der Wasseroberfläche auf. Auffällig ist das lange, spitze Schwert, das der Fisch offensichtlich zur Jagd, aber auch zur Verteidigung benutzt.

Körperlänge: bis zu 25 cm
Ährenfischähnliche

Fliegender Fisch
Cypselurus furcatus

Diese interessante Fischart ist in allen gemäßigten und warmen Meeren anzutreffen. Fliegende Fische schwimmen dicht unter der Wasseroberfläche und können bis zu 30 Sekunden dauernde und 50 m weite Gleitflüge über das Wasser unternehmen. Dazu bedienen sie sich ihrer flügelartig ausgebildeten Brustflossen.

Körperlänge: bis zu 400 cm
Gewicht: bis zu 500 kg
Barschartige

Hering
Clupea harengus

Körperlänge: 40 cm
Heringsfische

Wahrhaft riesige Heringsschwärme ziehen durch die kalten Gewässer des Nordatlantiks und Nordpazifiks. Die Planktonfresser unternehmen zur Laichzeit regelmäßige Wanderungen.

Körperlänge: bis zu 50 cm
Plattfische

Seezunge
Solea solea

Die Seezunge ist im Mittelmeer und im Atlantik anzutreffen und hält sich tagsüber mit Vorliebe im Sand oder Schlamm des Meeresbodens auf. Nachts jagt sie nach wirbellosen Tieren oder kleinen Fischen. Bisweilen kommt sie auch in das Brackwasser von Lagunen. Aus den winzigen Eiern, die am Ende des Winters oder zu Beginn des Frühjahrs abgelegt werden, entwickeln sich Larven mit einem fast symmetrischen Körper. Nach der Umwandlung erhält der Fisch dann seine typische platte Form. Seezungen sind wohlschmeckende und sehr beliebte Speisefische.

Körperlänge: bis zu 140 cm
Schildkröten

Unechte Karettschildkröte
Caretta caretta

Diese große, leider überaus bedrohte Meeresschildkröte ist in allen warmen Ozeanen beheimatet. Sie hält sich oft in stillen Buchten auf und ernährt sich von Stachelhäutern, Muscheln und Krebsen. Zur Eiablage kommt das Weibchen jedoch an den Strand.

Gelbe Lungenqualle
Rhizostoma pulmo

Die Rhizostoma ist eine der häufigsten und auffälligsten Quallenarten. Ihr Körper besteht zu 98 Prozent aus Wasser. Die gefährlichen Räuber jagen vor allem Fische, wozu sie an den Tentakeln mit giftigen Nesselkapseln ausgestattet sind.

Durchmesser: bis zu 90 cm
Schirmquallen

Körperlänge:
bis zu 180 cm
Gewicht: etwa 30 kg
Barschartige

Gemeine Goldmakrele
Coryphaena hippurus

Die Goldmakrele ist in allen warmen Meeren heimisch und gehört zu den schnellsten Fischen, die es gibt. Sie lebt vor allem in den oberen Wasserschichten und jagt mit Vorliebe Fliegende Fische. Dabei schnellt sie oft meterhoch aus dem Wasser. Die Eier der Goldmakrele treiben vermutlich frei im Wasser umher.

Blauwal
Balaenoptera musculus

Der Blauwal ist das größte Tier, das auf der Erde vorkommt. Er ist in allen Weltmeeren anzutreffen, wobei er offene Gewässer bevorzugt. Der Meeresriese lebt meist als Einzelgänger oder paarweise. Er gehört zu den Bartenwalen. Anstelle von Zähnen sind seine Kiefer mit Hornplatten, sogenannten Barten, versehen. Durch sie wird die Nahrung aus dem Wasser gesiebt. Diese besteht vor allem aus kleinen Krebstieren, die Krill genannt werden. Davon kann der Gigant bis zu 8000 kg täglich verschlingen. Wale sind Säugetiere und bringen lebende Junge zur Welt. Ein neugeborener Blauwal hat bei seiner Geburt bereits eine Länge von 7 m und ist etwa nach 10 Jahren erwachsen. Obwohl sich die Waljagd für den Menschen heute eigentlich nicht mehr lohnt, wollen immer noch nicht alle Länder darauf verzichten. Doch wenn der Walfang nicht vollkommen eingestellt wird, gibt es für diese Tiere bald keine Rettung mehr.

Körperlänge: bis zu 30 m
Gewicht: bis zu 130 t
Wale

Kabeljau (Dorsch)
Gadus morrhua

In den kälteren Zonen des Atlantischen und Pazifischen Ozeans wird Kabeljaufang betrieben. Er gehört zu den wichtigen Nahrungsfischen. Der Kabeljau lebt meist in Bodennähe von der Küste bis in Tiefen von 500 m. Als räuberische Zugfische unternehmen viele von ihnen weite Laich- und Nahrungswanderungen.

Körperlänge: bis zu 150 cm
Dorsche

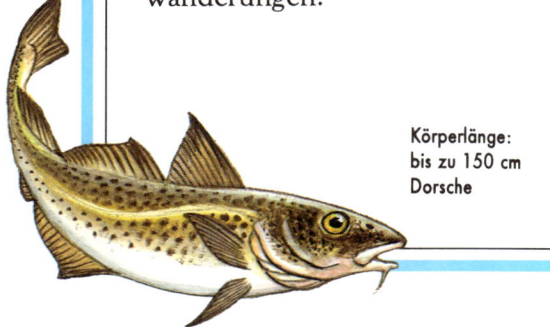

Körperlänge: bis zu 500 cm
Gewicht: bis zu 820 kg
Barschartige

Roter Thunfisch
Thunus thynnus

Der Thunfisch ist häufig im Mittelmeer und Atlantik anzutreffen, kommt aber auch in allen übrigen Meeren vor. Er ist ein unermüdlicher Schwimmer, der auf der Jagd nach seiner Beute auch weite Sprünge über die Wasseroberfläche machen kann. Junge Thunfische ernähren sich noch von Plankton, doch die älteren bevorzugen Fische, Tintenfische und Krebse. Thunfische unternehmen weite Wanderungen und leben vor allem zur Laichzeit in riesigen Schwärmen. Dies wird von den Fischern ausgenützt, die ihren Fang gerade dann besonders eifrig betreiben. Das wohlschmeckende Fleisch ist in vielen Ländern ein wichtiges Nahrungsmittel.

Leoparddrückerfisch
Balistes conspicillum

Die meisten Drückerfische leben in den warmen Meeren. Sie ernähren sich von Muscheln und Krebsen, deren Schalen oder Panzer sie mit Hilfe ihrer scharfen Zähne leicht öffnen können.

Körperlänge: 40 cm
Kugelfischverwandte

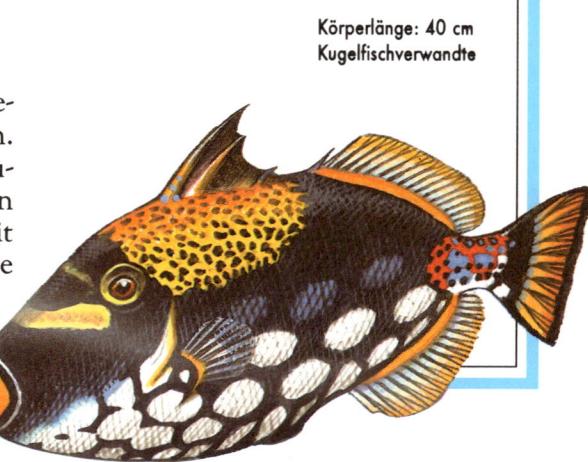

Körperlänge: 6 cm
Lachsfische

Faltbauchfisch
Argyropelecus sp.

Die Faltbauchfische bewohnen in tropischen und gemäßigten Meeren vor allem die Tiefen bis zu 4000 m. Wie viele Tiefseefische sind auch sie mit Leuchtorganen ausgerüstet.

Brauner Zackenbarsch
Seranus guaza

Der Einzelgänger lebt im Mittelmeer und im Atlantik am felsigen Meeresgrund und jagt Fische und Tintenfische. Aus den Eiern, die das Weibchen in großer Anzahl abgibt, schlüpfen Larven mit einem völlig anderen Aussehen als die erwachsenen Tiere.

Körperlänge: um 60 cm, maximal 140 cm
Gewicht: bis zu 60 kg
Barschartige

Riemenfisch
Regalegus glesne

Der Riemenfisch kommt wahrscheinlich in allen Weltmeeren vor. Mit auffälligen Schlingerbewegungen seines sehr langen Körpers schwimmt er langsam durch das Wasser. Er gibt kugelförmige Eier ab, die eine ölige Substanz enthalten und deshalb auf dem Wasser schwimmen. Vielleicht hat dieser Fisch zur Entstehung der Seemannsgeschichten beigetragen, in denen von Meeresungeheuern und riesigen Seeschlangen berichtet wird.

Körperlänge: bis zu 600 cm
Glanzfische

Körperlänge: 15 cm
Röhrennasen

Sturmschwalbe
Hydrobates pelagicus

Dieser Seevogel ist an den Küsten des Nordatlantiks und des westlichen Mittelmeers beheimatet. Er verbringt sein Leben praktisch auf und über dem Meer und kann sich auch bei Sturm sicher in der Luft halten. Das Weibchen legt 1 Ei in eine Bodenvertiefung, das von beiden Eltern ausgebrütet wird.

Schwarzer Tiefseeangler
Melanocethus johnsoni

Der Schwarze Tiefseeangler ist in allen Weltmeeren in Tiefen von 500–1500 m anzutreffen. Die Männchen sind weitaus kleiner als die Weibchen und wurden nur ganz selten beobachtet. Eine lange Angel dient den Weibchen zum Heranholen der Beute, die dann blitzschnell in dem riesigen Maul verschwindet. Den Männchen fehlt diese Angel.

Körperlänge: 8 cm
Anglerfische

Körperlänge: bis zu 20 cm
Kraken

Papierboot
Argonauta argo

Das Papierboot ist mit der Krake verwandt, unterscheidet sich von dieser aber vor allem im Aussehen und Verhalten der beiden Geschlechter: Das Männchen ist weitaus kleiner als das Weibchen. Dieses lebt in einer papierdünnen, bootartigen Hülle, die auch als Nest für die Eier dient.

Viperfisch
Chauliodus sloanei

Dieser Fisch lebt in allen tropischen Meeren in einer Tiefe von bis zu 2800 m. Nachts steigt er jedoch in höhere Gewässerschichten auf. Der gefräßige Räuber ernährt sich vor allem von Tiefseefischen. Er ist mit Leuchtorganen und einer verlängerten Rückenflosse ausgestattet.

Körperlänge: 25 cm
Lachsfische

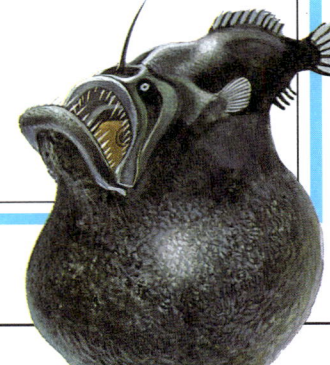

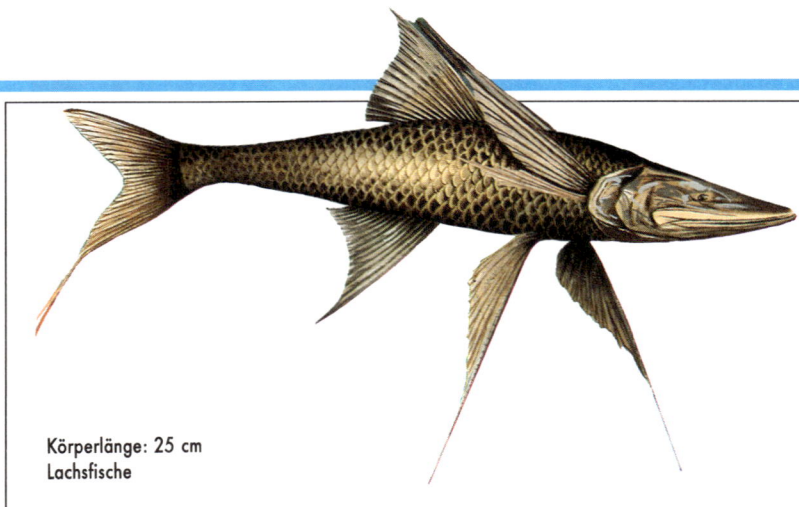

Spinnenfisch
Bathypterois sp.

Spinnenfische sind in sehr tiefen Gewässern beheimatet, und man weiß sehr wenig über sie. Nur selten gehen sie einem Fischer ins Netz, und in ihrer natürlichen Umgebung kann man sie kaum beobachten. Sie sind im Mittelmeer und im Atlantik anzutreffen. Die stelzenartigen Brustflossen dienen den Tieren vermutlich als Tastorgane, mit denen sie den Tiefseeboden nach Nahrung absuchen.

Körperlänge: 25 cm
Lachsfische

Körperlänge: 7–15 cm
Barschartige

Clownfisch
Amphiprion sp.

Clownfische sind im tropischen Indopazifik zu Hause. Ungewöhnlich ist ihre Lebensgemeinschaft mit den Seeanemonen, deren giftige Nesselzellen dem Fisch nichts anhaben können.

Körperlänge: 20 cm
Barschartige

Pfauenfederfisch
Coris julis

Der im Mittelmeer und Atlantik beheimatete Pfauenfederfisch gräbt sich am Meeresgrund so weit in den Sand ein, daß nur noch sein Kopf hervorschaut. Jungfische, Männchen und Weibchen sind oft völlig verschieden gefärbt.

Rotfeuerfisch
Pterois volitans

Dieser Fisch ist in den flachen Küstengewässern des indopazifischen Gebietes zu Hause. Mit Hilfe seiner sehr großen Brustflossen treibt er seine Beutetiere zwischen den Riffen in die Enge. Er ernährt sich von Krabben, Garnelen und Fischen. Die Stacheln an seinem Rücken enthalten ein gefährliches Gift.

Körperlänge: 35 cm
Panzerwangen

Goldbrasse
Sparus auratus

Die Goldbrasse ist im Mittelmeer, im Schwarzen Meer und im Nordatlantik beheimatet. Sie hält sich gerne an felsigen Küsten mit pflanzenreichen Sandgründen in geringen Tiefen zwischen 5 und 30 m auf. Die Goldbrasse ernährt sich vor allem von Weichtieren und Krebsen. Mit Hilfe ihrer kräftigen Mahlzähne vermag sie selbst Muschel- und Schneckenschalen zu zertrümmern. In ihrer Jugend lebt die Goldbrasse zunächst als Männchen und wird dann, wenn sie älter und größer ist, zum Weibchen.

Körperlänge: bis zu 60 cm
Barschartige

Europäischer Flußaal
Anguilla anguilla

Dieser Flußaal lebt in den Süßgewässern von ganz Europa und Nordwestafrika. Zum Laichen brauchen die Aale jedoch das Meer. Sie ziehen deshalb über den Atlantik in die Tausende von Kilometern entfernte Sargasso-See und legen dort ihre Eier ab. Daraus schlüpfen kleine flache Larven, die Weidenblättern ähneln und Leptocephalus genannt werden. Diese wandern dann zurück in die Heimat ihrer Eltern, wozu sie etwa 3 Jahre benötigen.

Körperlänge: bis zu 150 cm
Aalartige

Halfterfisch
Zanclus cornutus

Der Halfterfisch ist ein typischer Bewohner von Korallenriffen und im tropischen Indopazifik häufig anzutreffen. Er lebt gewöhnlich in kleinen Gruppen von 4–6 Mitgliedern. Der schöne Fisch wird auch gerne im Aquarium gehalten, seine Ernährung kann hier jedoch Probleme bereiten.

Körperlänge: bis zu 20 cm
Barschartige

Spöke (Seeratte)
Chimaera monstrosa

Ebenso wie die Haie sind Chimären Knorpelfische. Sie leben im Atlantik und im Mittelmeer und bevorzugen Tiefen bis zu 100 m. Ihre Nahrung besteht aus Krebsen, Muscheln, Würmern und kleinen Fischen. In geringeren Tiefen legt das Weibchen 2 Eier ab, die in einer bis zu 30 cm langen Kapsel eingeschlossen sind.

Körperlänge: bis zu 150 cm
Chimären

Rote Seefeder
Pennatula rubra

Dieser festsitzende Meeresorganismus ähnelt eher einer Pflanze als einem Tier. In Wirklichkeit handelt es sich dabei jedoch um eine Kolonie winziger Tiere (Polypen), die sich um einen großen Stammpolypen scharen.

Körperlänge: 15 cm
Seefedern

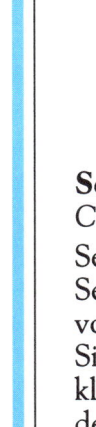

Körperlänge: bis zu 20 cm
Seewalzen

Seegurke
Cucumaria sp.

Seegurken sind Verwandte des Seeigels, besitzen aber kein vollständiges Schutzskelett. Sie verfügen lediglich über kleine Kalkplättchen, die in der Haut liegen. Die Seegurke bewegt sich mit Hilfe von Saugfüßchen sehr langsam fort und ernährt sich von kleinen Organismen, die von den Tentakeln an der Mundöffnung eingesammelt werden.

Riesenmuschel
Tridacna gigas

Die Riesenmuschel mit ihren wellig gerippten Schalen ist die größte aller Schalenmuscheln. Sie lebt im Indopazifik, wo sie geringe Tiefen bevorzugt. Als Nahrung filtert die Riesenmuschel Kleinstlebewesen aus dem Wasser.

Körperlänge: bis zu 135 cm
Gewicht: bis zu 200 kg
Muscheln

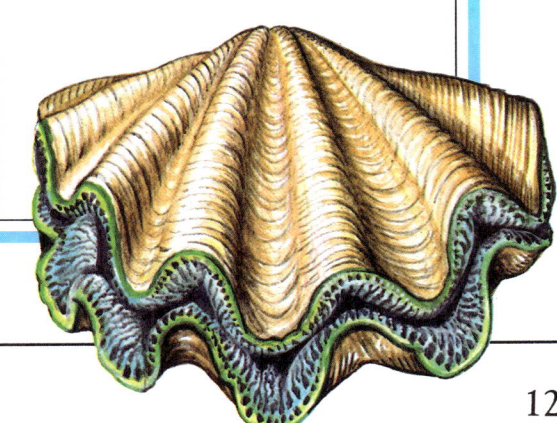

Die Ziffern in Grundschrift verweisen auf die Lexikonseiten, kursiv gesetzte Ziffern auf die einführenden Lebensraumseiten.

Bildnachweis:
Walter Aquenza, Oliviero Berni, Giambattista Bertelli, Fausto Borrani, Trevor Boyer/Linden Artists Ltd., Martin Camm/The Tudor Art Agency Ltd., Umberto Catalano, Piero Cattaneo, Luciano Corbella, Piero Cozzaglio, François Crozat, Ugo Fontana, Flavio Ghiringhelli, Ezio Giglioli, Michel Guy, Jaromir Knotek/Art Centrum, Pavel Major/Art Centrum, Petr Oriesek/Art Centrum, Lorenzo Orlandi, Alexis Oussenko, Gabriele Pozzi, John Rignall/Linden Artists Ltd., Aldo Ripamonti, Giorgio Scarato, Sergio, Arthur Singer, Franco Spaliviero, Remo Squillantini, George Thompson/The Tudor Art Agency Ltd., Eva Tomková/Art Centrum, David Wright/The Tudor Art Agency Ltd.